基于复杂网络的
不同攻击策略下考虑级联失效的
城市群客运交通网络抗毁性研究

李成兵 著

西南交通大学出版社

·成 都·

内容提要

本书对城市群客运交通网络的抗毁性问题进行了系统性的研究。首先，对复杂网络视角下的城市群客运交通网络建模方法进行阐述；其次，针对城市群交通网络的特性，对城市群交通网络的级联失效模型、网络特性测度指标、抗毁性测度指标的构建方法进行探究；而后，分别给出基于随机、蓄意、不完全信息三种攻击策略的城市群客运交通网络抗毁性仿真方法，并以实际网络为例进行仿真，对城市群交通网络的级联失效机理和网络特征进行探究；最后，对城市群交通网络的优化方法和网络受损时的修复策略进行研究，以提高城市群交通网络的抗毁性能。本书可作为交通运输工程学、系统科学等专业的高等院校教师和学生的文献资料，也可供从事区域规划、城市规划等工作的管理和技术人员阅读参考。

图书在版编目（CIP）数据

基于复杂网络的不同攻击策略下考虑级联失效的城市群客运交通网络抗毁性研究 / 李成兵著. —成都：西南交通大学出版社，2020.9
ISBN 978-7-5643-7657-4

Ⅰ.①基… Ⅱ.①李… Ⅲ.①城市交通网–网络系统–安全性–研究 Ⅳ.①U491.1

中国版本图书馆 CIP 数据核字（2020）第 181653 号

Jiyu Fuza Wangluo de Butong Gongji Celüe xia Kaolü Jilian Shixiao de Chengshiqun Keyun Jiaotong Wangluo Kanghuixing Yanjiu

| 基于复杂网络的
不同攻击策略下考虑级联失效的
城市群客运交通网络抗毁性研究 | 李成兵 著 | 责任编辑 周 杨
封面设计 原谋书装 |

印张：13　字数：208千	出版发行：西南交通大学出版社
成品尺寸：170 mm × 230 mm	网址：http://www.xnjdcbs.com
版次：2020年9月第1版	地址：四川省成都市二环路北一段111号 西南交通大学创新大厦21楼
印次：2020年9月第1次	邮政编码：610031
印刷：成都勤德印务有限公司	发行部电话：028-87600564　028-87600533
书号：ISBN 978-7-5643-7657-4	定价：66.00元

图书如有印装质量问题　本社负责退换
版权所有　盗版必究　举报电话：028-87600562

PREFACE 》》》》
前　言

城市群是由于城市聚集区域内存在的各种物质、信息、资金等多个流动要素，导致内部多个复杂系统与自然要素相关联组成的有机整体。在城市群内部，由于存在多种交通方式（如铁路交通、公路交通、航空运输、水路运输等），导致城市群综合交通系统整体呈现出复杂、多变、动态的显著特点，由此给城市群交通网络的维护带来了极大的挑战。面对诸如客流突增、恐怖袭击、自然灾害等原因导致的级联失效现象，如何提高网络抵御外来灾害的能力，降低级联失效带来的影响，是当下亟待解决的问题。在这一问题上，目前尚没有学者进行系统全面的研究与介绍。本书由此着眼，基于复杂网络的思想，运用仿真的方法，结合实际的交通流数据对城市群交通网络的抗毁性特征进行了全面的探究与解析。

第1章介绍了本书的研究背景与意义、研究目标及主要内容，并对全书的组织结构、写作思路做了总结。

第2章分析了城市群交通网络的特点，并由此选择"站点映射法"作为城市群交通网络的建模方法；给出交通子网的概念，首先构建了四种（道路、铁路、航空、水路）交通子网络模型，而后分别以复合与耦合的方式给出构建城市群综合客运交通复合网络与城市群综合客运耦合网络的方法；最后介绍了城市群客运交通网络的加权方法。

第3章介绍了三种在城市群客运交通网络中构建级联失效模型的代表性方法，基于容量-负荷模型，考虑了网络负载在级联失效传播的过程中对网络可能造成的节点过载、连边过载的情况，给出了网络节点、连边过载状态的判断依据，将级联失效的动态过程转化为数学模型清楚地阐述出来。

第4章介绍了城市群客运交通网络特性测度指标的含义及数学表达，包括节点度和度分布、平均路径长度、网络聚集系数。而后，以呼包鄂城市群为研究对象，构建城市群客运交通网络模型，运用Pajek及Matlab软件仿真计算了网络的特性指标变化情况并进行了详细的分析，在实际算例中阐述了城市群客运交通网络特性指标的内涵及意义。

第5章介绍了两种传统的城市交通网络抗毁性测度指标——网络效率和最大连通子图相对规模，并根据城市群的特点对两种指标进行改进，构建了全新的城市群交通网络抗毁性测度指标体系。

第6章运用复合的方法构建城市群综合交通网络模型，在此基础上基于容量-负荷理论提出一种新的级联失效模型，定义节点的三种状态：正常、暂停、失效，给出基于过载程度的节点状态判定依据，重点研究了级联效应传递过程中加权网络的流量重分配机制。通过对呼包鄂城市群实际客流数据的仿真发现：① 网络的过载能力参数存在阈值为1.2；② 城市群交通网络表现出极强的无标度特征。

第7章以复合交通网络模型研究城市群客运交通网络级联抗毁性。首先，构建城市群客运复合交通网络模型，并用实际客流加权。其次，采用改进的剩余容量分配策略，构建复合交通网络级联失效模型。再次，提出了网络效率和加权最大连通子图相对规模两个指标的网络抗毁性评估标准。最后，采用蓄意攻击策略，以呼包鄂城市群为实例进行仿真，仿真发现：① 蓄意攻击对于城市群客运交通网络的打击是致命的；② 过载能力的存在使大量失效节点变为暂停节点，且过载能力调节参数越大，网络连通性越强，而网络效率却与过载调节能力关系不大，所以暂停节点的存在可以增加受攻击之后网络的连通性，但网络运行效率却不会因此而改善；③ 相较于连通性，城市群客运交通网络的网络效率对破坏更加敏感。

第 8 章运用复合的方法构建城市群综合客运交通网络模型，基于改进的容量负荷模型构建了网络级联失效模型，通过定义信息指数，引入信息精度与信息广度完成对不完全信息攻击策略的搭建，而后对呼包鄂榆城市群交通网络内实际的交通数据进行仿真，研究了网络面对不同攻击信息、不同节点负载因子、不同负载分配机制所表现出来的抗毁性能。

第 9 章在运用复合的方法构建城市群客运交通网络模型之后，介绍了城市群客运交通网络的拓扑特征指标，并构建了城市群客运交通网络脆弱性指标体系，而后以呼包鄂城市群为例进行仿真，对复合交通网络的拓扑特征和脆弱性进行分析，识别路网中的关键站点和线路。结果表明：城市群复合交通网络的构建可以降低单一运输方式交通网络的脆弱性，通过对识别出的关键站点和线路加强防护，可以进一步降低城市群复合交通网络的脆弱性，减小突发灾害造成交通网络瘫痪的风险。

第 10 章采用耦合的方法构建了城市群轨道－道路耦合交通网络，基于容量－负荷模型构建了耦合网络级联失效模型，基于改进的 PSO 算法构建了城市群轨道－道路耦合交通网络容量优化模型，通过仿真对呼包鄂榆城市群交通网络的抗毁性能进行了优化分析。该方法通过智能算法的运用，实现了对于城市群交通网络资源的优化重组，对于城市群交通网络的规划与改进具有一定的指导意义。

第 11 章首先构建了城市群客运交通网络模型，而后建立城市群客运交通网络抗毁性修复模型，将城市群交通网络受到破坏之后的修复的动态过程数学化地表现出来，并在实际算例中对既定地修复策略进行仿真分析，并得到相关的结论。

第 12 章总结性地介绍了本书取得的主要研究成果，指出了既有研究的不足之处，并对未来的研究方向做出了展望。

本书对城市群客运交通网络抗毁性研究过程中涉及的理论方法进行了系统的阐述及创新，并基于现实的交通网络对所提理论方法进行了实践，研究成果对加深城市群客运交通网络抗毁性的理解具有重要意义。

本书在写作过程中得到了很多同行学者、朋友的帮助，在此特别感谢北京交通大学杨志成同学和内蒙古大学刘振宇副教授，感谢北京交通大学郝羽成博士、李奉孝同学，感谢北京航空航天大学魏磊博士，感谢西南交通大学张帅同学，感谢内蒙古大学武钧教授、朱援副研究员，有了他们的支持本书才得以完成。本书在写作过程中参考了国内外大量书籍和文献，在此谨向文献作者表示感谢。

本书得到以下基金的支持：国家自然科学基金专项项目（71940010）、内蒙古自治区自然科学基金面上项目（2019MS05083）、内蒙古自治区高等学校科学研究项目（NJZY19013）、内蒙古自治区交通厅建设科技项目（NJ-2019-02）。

由于笔者专业视野和学术水平有限，书中难免存在错漏和不足之处，敬请读者批评指正，特此致谢。

作 者

2020 年 8 月

目录 CONTENTS

第1章 绪　论 \001
- 1.1 研究背景及意义 \001
- 1.2 研究目标及主要内容 \001
- 1.3 本书组织结构 \002

第2章 城市群客运交通网络建模 \003
- 2.1 城市群客运交通子网络模型的构建 \004
- 2.2 城市群客运复合交通网络模型构建 \005
- 2.3 城市群客运耦合交通网络模型构建 \008
- 2.4 城市群客运交通网络模型加权方法 \011
- 2.5 本章小结 \013

第3章 城市群客运交通网络级联失效模型 \014
- 3.1 城市群中考虑节点过载的级联失效模型 \014
- 3.2 城市群中考虑连边过载的级联失效模型 \017
- 3.3 城市群中考虑实际距离的级联失效模型 \019
- 3.4 本章小结 \020

第4章 城市群客运交通网络特性测度指标 \021
- 4.1 节点度和度分布 \021
- 4.2 平均路径长度 \021
- 4.3 网络聚集系数 \022
- 4.4 实证研究 \024

- 4.5 本章小结 \030

第5章 城市群客运交通网络抗毁性测度指标 \031

- 5.1 网络效率 \032
- 5.2 加权最大连通子图相对规模 \033

第6章 随机攻击策略下城市群客运交通网络级联抗毁性仿真 \034

- 6.1 城市群客运交通网络模型构建 \034
- 6.2 随机攻击策略下的城市群客运交通网络级联失效模型构建 \036
- 6.3 随机攻击策略下的城市群客运交通网络抗毁性测度指标构建 \040
- 6.4 随机攻击策略下的城市群客运交通网络级联抗毁性仿真方法 \040
- 6.5 随机攻击策略下的城市群客运交通网络级联抗毁性实例仿真 \042
- 6.6 本章小结 \048

第7章 蓄意攻击策略下城市群客运交通网络级联抗毁性仿真 \050

- 7.1 城市群客运交通网络模型构建 \050
- 7.2 蓄意攻击策略下的城市群客运交通网络级联失效模型构建 \051
- 7.3 蓄意攻击策略下的城市群客运交通网络抗毁性测度指标构建 \053
- 7.4 蓄意攻击策略下的城市群客运交通网络级联抗毁性仿真方法 \055

- 7.5 蓄意攻击策略下的城市群客运交通网络
  级联抗毁性实例仿真 \056
- 7.6 本章小结 \063

第 8 章 不完全信息攻击策略下城市群客运交通网络级联抗毁性仿真 \064

- 8.1 城市群客运交通网络模型构建 \064
- 8.2 不完全信息攻击策略下的城市群客运交通网络
  级联失效模型构建 \065
- 8.3 不完全信息攻击策略下的城市群客运交通网络
  抗毁性测度指标构建 \067
- 8.4 不完全信息攻击策略下的城市群客运交通网络
  级联抗毁性仿真方法 \068
- 8.5 不完全信息攻击策略下的城市群客运交通网络
  级联抗毁性实例仿真 \070
- 8.6 本章小结 \078

第 9 章 基于不同攻击策略的城市群客运交通网络脆弱性仿真 \080

- 9.1 城市群客运交通网络模型构建 \080
- 9.2 城市群客运交通网络拓扑特征指标 \081
- 9.3 城市群客运交通网络脆弱性测度指标构建 \082
- 9.4 城市群客运交通网络攻击策略 \084
- 9.5 城市群客运交通网络脆弱性实例仿真 \084
- 9.6 本章小结 \096

第 10 章 城市群客运交通网络级联抗毁性优化研究 \097

- 10.1 城市群轨道-道路耦合交通网络模型 \097

- 10.2 城市群轨道-道路耦合交通网络级联失效模型 \099
- 10.3 城市群客运交通网络攻击策略分析与抗毁性测度指标构建 \101
- 10.4 基于改进PSO算法的城市群轨道-道路耦合交通网络容量优化模型 \103
- 10.5 城市群客运交通网络级联抗毁性优化实例仿真 \108
- 10.6 本章小结 \116

第11章 城市群客运交通网络级联抗毁性修复研究 \118

- 11.1 城市群客运交通网络模型构建 \118
- 11.2 城市群客运交通网络抗毁性修复模型 \119
- 11.3 城市群客运交通网络级联抗毁性修复实例仿真 \125
- 11.4 本章小结 \131

第12章 结论与展望 \132

- 12.1 主要研究成果 \132
- 12.2 研究的不足与展望 \132

参考文献 \134

附 录 \138

- 附录A 不完全信息攻击代码 \138
- 附录B 不完全信息容量参数抗毁性仿真代码 \140
- 附录C 连边距离权代码 \154
- 附录D 粒子群目标函数代码 \155
- 附录E 粒子群变异函数代码 \165
- 附录F 优化粒子群代码 \166
- 附录G 粒子群实验检验代码 \169
- 附录H 粒子群随机攻击策略仿真代码 \189

PART ONE

第1章 绪 论

1.1 研究背景及意义

　　城市群是一定区域内多个复杂系统和自然要素构成的有机整体，近年来对城市群相关问题的研究受到越来越多学者的关注。在城市群内，由各种方式组成的交通网络为城市群内各城市之间密切的人员物资流动提供了条件。与此同时，日益复杂的交通网络也面临着客流突增、自然灾害、恐怖袭击等威胁，一旦城市群中的某个站点发生故障，无法正常运行，势必导致其本应承担的客流向周边站点分散，进而对其他站点的正常运行造成影响，如此反复，将会影响城市群交通网络的正常运转，给人们的生产、生活带来极大不便。如何提高网络抵御外来灾害的能力，降低级联失效带来的影响，是当下亟待解决的问题。

1.2 研究目标及主要内容

　　本书基于复杂网络思想对城市群客运交通网络抗毁性进行研究。首先，对复杂网络视角下的城市群客运交通网络建模方法进行阐述；其次，针对城市群交通网络的特性，对城市群交通网络的级联失效模型、网络特性测度指标、抗毁性测度指标的构建方法进行探究；而后，分别给出基于随机、蓄意、不完全信息三种攻击策略的城市群客运交通网络抗毁性仿真方法，并以实际网络为例进行仿真，对城市群交通网络的级联失效机理和网络特征进行探究；最后，对城市群交通网络的优化方法和网络受损时的修复策略进行研究，以提高城市群交通网络的抗毁性能。

1.3 本书组织结构

在本书中，第 1 章为绪论，第 2～5 章分别介绍复杂网络下的城市群客运交通网络抗毁性研究的核心部分，第 6～11 章则是基于第 2～5 章介绍的内容进行更进一步的研究，第 12 章对本书的主要研究成果、创新点以及研究的局限处进行了回顾与总结。具体来说，第 2 章对城市群客运交通网络的几种建模方法进行介绍，并给出了网络的加权方式；第 3 章从三个角度分别构建 3 种适用于城市群交通网络的级联失效模型；第 4 章对复杂网络中的特性指标进行介绍，将其对应到城市群客运交通网络的研究中，并基于 3 种指标对城市群视角下的网络特性进行探究；第 5 章对当下复杂网络中两种主流的抗毁度测度方法进行介绍；第 6 章在随机攻击策略下对城市群客运交通网络的级联抗毁性进行研究；第 7 章在蓄意攻击策略下对城市群客运交通网络的级联抗毁性进行研究；第 8 章在不完全信息攻击策略下对城市群客运交通网络的级联抗毁性进行研究；第 9 章基于不同攻击策略对城市群客运交通网络的级联抗毁性进行对比研究；第 10 章以耦合网络为基础，运用粒子群算法对城市群客运交通网络的抗毁能力进行优化；第 11 章对城市群客运交通网络的抗毁性修复进行研究；第 12 章对本书的主要研究成果、创新点以及研究的局限处进行回顾与总结。

PART TWO

第 2 章 城市群客运交通网络建模

目前，交通网络的构建主要有两种方法，即"道路映射法"和"站点映射法"。对于城市群而言，若采用"道路映射法"，由于网络节点众多，边分布不均匀，导致网络复杂性较高且误差较大，不仅无法说明实际交通流状态，而且很难精准反映交通网络特性。为了更好地揭示城市群交通网络的特性，本章根据城市群内交通基础设施布局现状，采用"站点映射法"分别以不同运输方式的所有站点为网络的节点，连接站点的各条线路为网络的边，构建城市群不同运输方式网络拓扑结构模型。

在构建城市群交通网络模型之前，先做出如下假设和定义：

假设 1：不考虑交通网络的方向性。若某一节点可以到达另一节点，则假设另一节点也可返回该节点，即城市群交通网络是无向图。

假设 2：城市群交通网络任意两站点间客流在一定时间内保持不变。

定义 1：交通子网。将城市群内的道路、轨道、水运、航空四种运输方式交通网络定义为交通子网。以城市群内站点为网络节点，连接站点的各条线路为网络连边，构建交通子网模型，记作 $G_s(V_s, E_s, W_s, H_s)$。

定义 2：复合节点。对两个或两个以上的交通子网进行叠加，将地理位置较近的汽车站、火车站、港口、机场忽略地理距离进行合并得到的节点称为复合节点。若旅客在站点之间换乘的步行时间在可接受的合理范围内，则认为站点地理位置较近。用 V' 表示所有合并节点的集合，V'' 表示复合节点的集合。

定义3：复合边。交通子网叠加后，若两个节点之间有多条边相连，将其视为一条边相连，称该边为复合边。用 E' 表示所有合并连边的集合，E'' 表示复合边的集合。

2.1 城市群客运交通子网络模型的构建

2.1.1 城市群道路交通加权子网模型的构建

以城市群内所有汽车站为节点，连接各汽车站的道路为边，构建城市群道路交通子网，记作 $F_1(D_1,B_1,W_1,H_1)$。其中，D_1 表示 F_1 内节点的集合，$D_1=\{d_1^1,d_1^2,\cdots,d_1^i,\cdots,d_1^{n_1}\}$，$n_1$ 表示 D_1 内节点的数目；B_1 表示 D_1 对应的边集，$B_1=(b_1^{ij})_{n_1\times n_1}$，若 $d_1^i R d_1^j$，则 $b_1^{ij}=1$，若 $d_1^i \overline{R} d_1^j$，则 $b_1^{ij}=0$；W_1 表示 B_1 内初始边权的集合，$W_1=\{w_1^1,w_1^2,\cdots,w_1^i,\cdots,w_1^{n_1'}\}$，$n_1'$ 表示 B_1 内边的数目，H_1 表示 D_1 内各节点点权的集合，$H_1=\{h_1^1,h_1^2,\cdots,h_1^i,\cdots,h_1^{n_1}\}$，其中，$h_1^i=\sum_{w_1^f\in K_1^i}w_1^f$，$K_1^i$ 表示与节点 h_1^i 相连的边的集合。

2.1.2 城市群铁路交通加权子网模型的构建

以城市群内所有火车站为节点，连接各火车站的轨道为边，构建城市群铁路交通子网，记作 $F_2(D_2,B_2,W_2,H_2)$。其中，D_2 表示 F_2 内节点的集合，$D_2=\{d_2^1,d_2^2,\cdots,d_2^i,\cdots,d_2^{n_2}\}$，$n_2$ 表示 D_2 内节点的数目；B_2 表示 D_2 对应的边集，$B_2=(b_2^{ij})_{n_2\times n_2}$，若 $d_2^i R d_2^j$，则 $b_2^{ij}=1$，若 $d_2^i \overline{R} d_2^j$，则 $b_2^{ij}=0$；W_2 表示 B_2 内初始边权的集合，$W_2=\{w_2^1,w_2^2,\cdots,w_2^i,\cdots,w_2^{n_2'}\}$，$n_2'$ 表示 B_2 内边的数目，H_2 表示 D_2 内各节点点权的集合，$H_2=\{h_2^1,h_2^2,\cdots,h_2^i,\cdots,h_2^{n_2}\}$，其中，$h_2^i=\sum_{w_2^f\in K_2^i}w_2^f$，$K_2^i$ 表示与节点 h_2^i 相连的边的集合。

2.1.3 城市群航空交通加权子网模型的构建

以城市群内所有飞机场为节点,机场之间有航班通行则认为两机场有边相连,构建城市群航空交通子网,记作 $F_3(D_3,B_3,W_3,H_3)$。其中,D_3 表示 F_3 内节点的集合,$D_3=\{d_3^1,d_3^2,\cdots,d_3^i,\cdots,d_3^{n_3}\}$,$n_3$ 表示 D_3 内节点的数目;B_3 表示 D_3 对应的边集,$B_3=(b_3^{ij})_{n_3\times n_3}$,若 $d_3^iRd_3^j$,则 $b_3^{ij}=1$,若 $d_3^i\overline{R}d_3^j$,则 $b_3^{ij}=0$;W_3 表示 B_3 内初始边权的集合,$W_3=\{w_3^1,w_3^2,\cdots,w_3^i,\cdots,w_3^{n_3'}\}$,$n_3'$ 表示 B_3 内边的数目,H_3 表示 D_3 内各节点点权的集合,$H_3=\{h_3^1,h_3^2,\cdots,h_3^i,\cdots,h_3^{n_3}\}$,其中,$h_3^i=\sum_{w_3^f\in K_3^i}w_3^f$,$K_3^i$ 表示与节点 h_3^i 相连的边的集合。

2.1.4 城市群水路交通加权子网模型的构建

以城市群内所有的港口为节点,连接港口的航线为边,构建城市群水路交通子网,记作 $F_4(D_4,B_4,W_4,H_4)$。其中,D_4 表示 F_4 内节点的集合,$D_4=\{d_4^1,d_4^2,\cdots,d_4^i,\cdots,d_4^{n_4}\}$,$n_4$ 表示 D_4 内节点的数目;B_4 表示 D_4 对应的边集,$B_4=(b_4^{ij})_{n_4\times n_4}$,若 $d_4^iRd_4^j$,则 $b_4^{ij}=1$,若 $d_4^i\overline{R}d_4^j$,则 $b_4^{ij}=0$;W_4 表示 B_4 内初始边权的集合,$W_4=\{w_4^1,w_4^2,\cdots,w_4^i,\cdots,w_4^{n_4'}\}$,$n_4'$ 表示 B_4 内边的数目,H_4 表示 D_4 内各节点点权的集合,$H_4=\{h_4^1,h_4^2,\cdots,h_4^i,\cdots,h_4^{n_4}\}$,其中,$h_4^i=\sum_{w_4^f\in K_4^i}w_4^f$,$K_4^i$ 表示与节点 h_4^i 相连的边的集合。

2.2 城市群客运复合交通网络模型构建

城市群复合交通网络区别于综合交通运输网络。综合交通运输网络是道路、轨道、水路、航空、管道五种运输方式网络的综合体,注重运输方式间的协作发展。对其的研究多采用定性方法,最终为政府部门提供战略性发展意见。而城市群复合交通网络是任意几种运输方式交通网络叠加的复合体，构建的意义在于采用定量化方法，将城市群交通系统内不同运输方式间的相互影响作用定量化表示。对其进行的研究以不同运输方式网络的拓扑结构为基础，找出复合交通网络中的关键站点线路，为交通规划提供更为直接具体的参考依据。此时，虽然不同交通方式结构具有不同的特点，但在复杂网络拓扑结构模型中，不同运输方式的站点都以节点表示，无论是道路路段还是轨道线等，它们都是线性元素，都以连边表示。因此，对网络的拓扑结构进行叠加可以忽略运输方式的载运特点。

若叠加过程中两个或者两个以上的汽车站、火车站、机场、港口地理位置较近，可以忽略其地理距离，将它们看作一个站点，即在复合交通网络模型中视为一个节点。由于城市群包含多个城市，交通网络涵盖范围大、运行距离长，因此，站点之间的地理距离一般较远，地理距离较近的站点多集中于城市群中单一城市内部，此时，可通过电子地图获得单一城市内各站点之间的真实地理距离，估算旅客在站点之间换乘的步行时间。若步行时间在可接受范围内，则认为站点间地理距离较近，在复合交通网络中可以将其看作一个节点。其中，步行时间的可接受范围应根据具体的研究对象，考虑站点周边的交通状况、线路结构等实际条件而定。若网络叠加复合后，两个节点之间可以通过多种运输方式线路连接，在复合交通网络模型中将其视为一条边相连。

城市群复合交通网络模型构建如图2-1所示。

首先构建城市群不同运输方式交通网络拓扑图，之后对它们进行叠加复合，将城市群复合交通网络抽象成无向图$G=(V,E)$。网络构建过程如图2-1所示。

$V=\{1,2,3,\cdots,m,m+1,\cdots,n-1,n\}$表示城市群复合交通网络所有节点的集合；若城市群中包含的城市数目为p，根据节点的地理位置，将V分为

$(p+1)$ 个部分，即 $V = V_1 \cup V_2 \cup V_3 \cup \cdots \cup V_s \cup \cdots \cup V_p \cup V_{p+1}$，如图 2-2 所示。其中：$V_s$ 表示城市群内第 s 个城市中心地区节点的集合，其节点数目为 q_s；V_{p+1} 表示城市群内所有旗县地区节点的集合，即 $V_{p+1} = V - V_1 - V_2 - V_3 - \cdots - V_s - \cdots - V_p$，其节点数目为 q_{p+1}；若 $q_1 + q_2 + q_3 + \cdots + q_s + \cdots + q_p = m$，则 $q_{p+1} = n - m$；

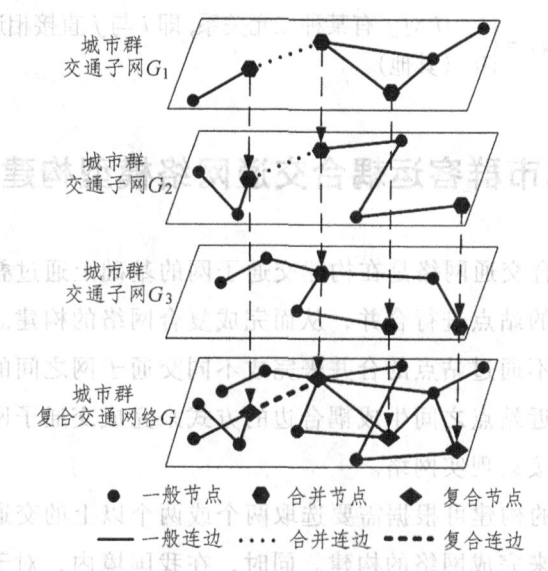

图 2-1 城市群复合交通网络模型构建示意图

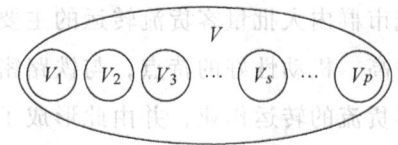

图 2-2 节点集合的韦恩图表示

$E = \{(i,j) | i, j \in V \text{且} i \neq j\}$ 表示边的集合；i、j 分别表示城市群复合交通网络中的任意两个节点；图 $G = (V, E)$ 所对应的邻接矩阵表示为 $A = (a_{ij})_{n \times n}$，见式（2-1），其定义式见式（2-2）。

$$A = \begin{matrix} & 1 & 2 & 3 & \cdots & n \\ 1 \\ 2 \\ 3 \\ \vdots \\ n \end{matrix} \begin{pmatrix} 0 & a_{12} & a_{13} & \cdots & a_{1n} \\ a_{21} & 0 & a_{23} & \cdots & a_{2n} \\ a_{31} & a_{32} & 0 & \cdots & a_{3n} \\ \vdots & \vdots & \vdots & \ddots & \vdots \\ a_{n1} & a_{n2} & a_{n3} & \cdots & 0 \end{pmatrix} \quad (2\text{-}1)$$

$$a_{ij} = \begin{cases} 1 & (i\ 对\ j\ 有某种二元关系，即\ i\ 与\ j\ 直接相连) \\ 0 & (其他) \end{cases} \quad (2\text{-}2)$$

2.3 城市群客运耦合交通网络模型构建

城市群复合交通网络是在构建交通子网的基础上通过叠加复合的方式将距离较近的站点进行合并，从而完成复合网络的构建。与其区别的是耦合网络并不通过站点的合并来完成不同交通子网之间的衔接，而是通过在相距较近站点之间生成耦合边的方式来完成交通子网的衔接，模型的构建更加接近现实网络。

耦合网络的构建可根据需要选取两个或两个以上的交通子网，通过耦合边的生成来完成网络的构建。同时，在我国境内，对于不同的城市群，其内部的交通网络组成虽然有所不同，但铁路由于其大运量、低运价的特性往往成为城市群内大批量客货流转运的主要通道；与此同时，道路运输以其灵活性高、机动性好的特点，与铁路密切配合，共同承担起城市群内大批量客货流的转运作业，并由此形成了复杂的综合运输网络；反观航空与水运，由于成本、地形等因素的制约，往往作为城市群内的辅助运输方式，不对大批量客货流运转起决定作用。因此，本部分选取城市群轨道交通子网络与道路交通子网络，通过生成耦合边的方式来完成城市群耦合交通网络模型的构建，具体如下：将城市群内各交通方式的站点视为网络的节点，将连接站点的各条线路视作网络的边，分别构建城市群轨道、道路交通网络模型。之后，将城市群轨道、道路交通网络通过耦合边进行连接，构建城市群轨道-道路耦合交通网络模型。

2.3.1 城市群轨道交通网络

以城市群内所有火车站为网络节点，任意火车站之间的通车线路为连边，构建城市群轨道交通网络模型，记作 $G_p(V_p,E_p,W_p,H_p)$。其中，V_p 表示城市群轨道交通网络所有节点的集合，$V_p=\{v_1,v_2,\cdots,v_i,\cdots,v_{N_p}\}$；$N_p$ 为城市群轨道交通网络中的节点数目；$E_p=(e_{ij})_{N_p \times N_p}$，表示城市群轨道交通网络中任意两节点通车线路的集合，若 $v_i R v_j$，即节点 v_i 与节点 v_j 连通，则 $e_{ij}=1$，若 $v_i \bar{R} v_j$，即节点 v_i 与节点 v_j 不连通，则 $e_{ij}=0$；$W_p=(w_{ij})_{N_p \times N_p}$ 表示城市群轨道交通网络连边权重矩阵，其中 w_{ij} 为边 ij 的权重；$H_p=\{h_1,h_2,\cdots,h_i,\cdots,h_{N_p}\}$ 表示城市群轨道交通网络节点权重集合，其中 h_i 为节点 v_i 的权重，其值为节点 v_i 所有连边权重之和。

2.3.2 城市群道路交通网络

以城市群内所有汽车站为网络节点，任意汽车站之间的通车线路为连边，构建城市群道路交通网络模型，记作 $G_r(V_r,E_r,W_r,H_r)$。其中，V_r 表示城市群道路交通网络所有节点的集合，$V_r=\{v_1,v_2,\cdots,v_i,\cdots,v_{N_r}\}$，$N_r$ 为城市群道路交通网络中的节点数目；$E_r=(e_{ij})_{N_r \times N_r}$，表示城市群道路交通网络中任意两节点通车线路的集合，若 $v_i R v_j$，即节点 v_i 与节点 v_j 连通，则 $e_{ij}=1$，若 $v_i \bar{R} v_j$，即节点 v_i 与节点 v_j 不通，则 $e_{ij}=0$；$W_r=(w_{ij})_{N_r \times N_r}$ 表示城市群道路交通网络连边权重矩阵，其中 w_{ij} 为边 ij 的权重；$H_r=\{h_1,h_2,\cdots,h_i,\cdots,h_{N_r}\}$ 表示城市群道路交通网络节点权重集合，其中 h_i 为节点 v_i 的权重，其值为节点 v_i 所有连边权重之和。

2.3.3　城市群轨道-道路耦合交通网络

城市群轨道-道路耦合交通网络由城市群轨道交通网络与道路交通网络通过耦合边相互耦合而成，两个网络通过耦合边进行客流的交换，从而实现客流在全网的流通。一般耦合网络往往随机生成耦合边，或是通过度、介数等指标，在两个网络属性相近的节点之间生成耦合边。与之不同的是，由于城市群交通网络自身特有的实体性受到地理空间的限制，不同交通网络之间的衔接往往限于部分相距较近的节点之间，因此，本部分构建城市群轨道-道路耦合网络时，选择两网距离较近的节点，即步行或乘坐公交能够在 20 分钟内换乘的节点，在此类节点之间生成耦合边，由此实现客流在两个网络之间的流通。将城市群轨道-道路耦合网络模型记作 $G(G_p, G_r, R_{p-r})$，其中，G_p 为城市群轨道交通网络；G_r 为城市群道路交通网络；R_{p-r} 为两个网络的耦合关系。$R_{p-r}=(V_{p-r}, E_{p-r}, W_{p-r})$，其中，$V_{p-r}=\{v_1, v_2, \cdots, v_i, \cdots, v_{N_{p-r}}\}$，表示两个网络中的关联节点集合；$N_{p-r}$ 为网络关联节点数；$E_{p-r}=(e_{ij})_{N_{p-r} \times N_{p-r}}$，表示关联节点之间的耦合关系，若节点 v_i 与节点 v_j 存在耦合关系，则 $e_{ij}=1$，否则 $e_{ij}=0$；$W_{p-r}=(w_{ij})_{N_{p-r} \times N_{p-r}}$，表示耦合边权重集合，鉴于不同运输方式的运力差异极大，我们综合考虑关联节点的连边权重来确定耦合边的权值，具体见式（2-3）。

$$w_{pr} = \frac{1}{2}\left(\frac{\sum_{j=1}^{n_1} w_{pj}}{n_1} + \frac{\sum_{i=1}^{n_2} w_{ir}}{n_2}\right) \quad (2\text{-}3)$$

式中　w_{pr} ——节点 v_p 与 v_i 的耦合边权值；

　　　w_{pj} ——轨道交通网络中节点 v_p 与 v_j 连边权值；

　　　n_1 ——节点 v_p 连边数目；

　　　w_{ir} ——道路交通网络中节点 v_i 与 v_r 连边权值；

n_2——节点 v_r 连边数目。

2.4 城市群客运交通网络模型加权方法

2.4.1 复杂网络指标加权

由于城市群地域范围广、行政区划复杂，当数据获取困难时，可以采用复杂网络指标对城市群交通网络进行加权。采用复杂网络指标，对网络进行加权的策略很多，大多是基于节点度与节点介数的计算完成对节点的加权，采用度乘积或连边介数的计算来完成对边的加权。此外，需要注意的是由于不同运输方式对城市群交通网络的影响程度存在差异，因此，需要运用熵权法确定不同交通子网对综合交通网络的影响程度，将重要程度与初始点/边权之积作为城市群加权交通网络的最终点/边权。

（1）节点加权策略。

策略1：节点度加权

节点度表示某个节点 i 以边连接着的其他节点的数目，用 k_i 表示节点度，如式（2-4）所示。

$$k_i = \sum a_{ij} \tag{2-4}$$

式中，若节点 i 与节点 j 连通，则 $a_{ij}=1$，否则 $a_{ij}=0$。显而易见，节点的度值越大，则其在网络中就越为重要。

策略2：节点介数加权

节点介数 B_i 表示节点 i 在网络中的重要程度。介数越大，则其在网络中越重要。节点 i 的介数计算式如式（2-5）所示。

$$B_i = \sum_{j,k \in N, j \neq k} \frac{\sigma_{jk}(i)}{\sigma_{jk}} \tag{2-5}$$

式中 $\sigma_{jk}(i)$ —— 节点 j 与节点 k 经过节点 i 的最短路径条数；

σ_{jk} —— 节点 j 与节点 k 的最短路径总条数。

（2）连边加权策略。

策略 1：节点度乘积策略

依据边两端节点的度值，对边权进行赋值，则边权 w_{ij} 的计算如式（2-6）所示。

$$w_{ij} = k_i k_j \tag{2-6}$$

式中 k_i —— 节点 i 的节点度，则节点 i 的权重 $w'_i = \sum\limits_{j \in \Gamma_i} w_{ij}$。

策略 2：节点介数乘积策略

依据边两端节点的介数，对边权进行赋值，则边权 w_{ij} 的计算如式（2-7）所示。

$$w_{ij} = b_i b_j \tag{2-7}$$

式中 b_i —— 节点 i 的节点介数，则节点 i 的权重 $w'_i = \sum\limits_{j \in \Gamma_i} w_{ij}$。

策略 3：边介数策略

依据边介数对边权进行赋值，则边权 w_{ij} 的计算如式（2-8）所示。

$$w_{ij} = b_{ij} \tag{2-8}$$

式中 b_{ij} —— 边 ij 的边介数，则节点 i 的权重 $w'_i = \sum\limits_{j \in \Gamma_i} w_{ij}$。

2.4.2 实际客流量加权

采用实际客流对城市群交通网络进行加权，目的在于通过对现实城市群交通网络的观察，以确切反映网络中节点/连边的重要程度。将交通子网连边所对应线路的日提供座位数作为该子网连边边权，对于复合网络，通过对叠加的子网连边进行求和运算来得到复合网络的连边权重；

对于耦合网络，按照既定的方法对耦合边边权进行计算。而后，在边权的基础上进一步得到点权，由此完成城市群客运交通网络的加权。

2.5 本章小结

城市交通网络在建模过程中往往以交叉口作为网络节点，连接交叉口的道路作为网络的边，网络中的所有交通行为均在道路上完成，交通主体以机动车为主、非机动车为辅，对其规划与管理往往要落到区域内交叉口的协作与控制上。而在城市群交通网络中，由于地域广阔、行政区划复杂、交通方式众多且定位明确，对其的研究往往要在更大的空间尺度上展开，如何将城市群内的综合交通网络全面、定量、数学化地呈现出来，对下一步针对网络抗毁性能的研究影响巨大，是一个重要的研究课题。

本章将复杂网络理论引入城市群交通，采用"站点映射法"，以城市群内的站点为节点，连接站点的道路/航线/铁路/水路为边，构建了城市群交通子网络，并基于城市群交通子网络给出构建城市群交通网络的两种方法：复合与耦合。其中，复合网络通过复合节点、复合边的定义将距离较近的站点进行合并，从而完成网络的构建；耦合网络则通过在不同交通子网之间生成耦合边来完成交通子网的衔接。最后，对城市群交通网络的加权方式从复杂网络层面与现实层面分别进行了介绍。

PART THREE

第 3 章 城市群客运交通网络级联失效模型

当某一节点或边发生故障，网络原有的负载量会根据节点状态，按照某种规律向与其具有某种耦合关系的节点或边重新分配，进而引发新的节点或边发生故障，产生连锁效应。由于复合节点、复合边将城市群内多个交通子网相连接，某一节点或边发生故障，除了能引起自身交通子网负载重新分配，还会引起与其复合的多个交通子网负载发生变化，这两种情形相互关联，会引发城市群复合交通网络整体发生级联失效。本章就级联失效在城市群交通网络中的表现，对考虑不同因素的级联失效模型进行介绍。

3.1 城市群中考虑节点过载的级联失效模型

3.1.1 初始负载

有学者研究指出，节点介数与其度值和其邻居节点度值总和的乘积形式是呈正相关的。同时，在交通网络中，某一节点介数越大，表示该站点承担的最短线路越多，交通压力便越大。因此，可以设定节点 v_i 在遭受破坏之前，如果没有接受额外的负载，该节点的负载就等于其权重 h_i。用 L 表示节点负载，则有：

（1）普通节点初始负载：

$$L_z(0) = h_z = \sum_{z=1}^{k_s^i} w_z \qquad (3-1)$$

（2）复合节点初始负载：

$$L_{z'}(0) = h_{z'} = \sum_{z=1}^{l'} h_z = \sum_{z=1}^{l'} L_z(0) \qquad (3-2)$$

3.1.2 容量

在城市群复合交通网络中，往往负载较小的节点会拥有较大的闲余容量，负载较大的节点反而闲余容量较小。例如，城市群内旗县地区站点规模虽然较小，但发车经常出现空载现象，浪费运力，说明节点闲余容量较大。而核心城市地区站点规模虽然较大，但常常因客流量过大导致一票难求，说明节点闲余容量较小。因此，节点的负载与容量不一定呈线性关系。在此构建负载容量非线性模型，用 C 表示节点的容量：

（1）普通节点容量：

$$C_z = L_z(0) + \alpha L_z(0)^\beta \quad \alpha, \beta > 0 \qquad (3-3)$$

（2）复合节点容量：

$$C_{z'} = L_{z'}(0) + \alpha L_{z'}(0)^\beta \quad \alpha, \beta > 0 \qquad (3-4)$$

式中　α、β —— 容量可调参数，用以调整容量与初始负载的关系。节点容量为节点初始负载和额外负载之和。

3.1.3 负载重分配

3.1.3.1 节点状态识别

本书用 $\Delta L_i(t+1)$ 表示节点 v_i 下一时刻向其邻居节点分配的负载量：

$$\Delta L_i(t+1) = \begin{cases} 0, & L_i(t) \leq C_i \\ L_i(t) - C_i, & C_i < L_i(t) < \phi C_i \\ L_i(t), & L_i(t) \geq \phi C_i \end{cases} \quad (3\text{-}5)$$

式（3-5）分别对应于节点 v_i 的三种状态：

① 当 $\Delta L_i(t+1) = 0$ 时，节点 t 时刻的负载小于其容量，此时节点处于正常状态，$t+1$ 时刻不需向其他节点分配负载；

② 当 $\Delta L_i(t+1) = L_i(t) - C_i$ 时，节点 t 时刻的负载介于其容量和最大可调容量之间，此时节点处于暂停状态，$t+1$ 时刻将其过载 $L_i(t) - C_i$ 向其邻居节点进行分配；

③ 当 $\Delta L_i(t+1) = L_i(t)$ 时，节点 t 时刻负载大于其最大可调容量，此时节点处于失效状态，$t+1$ 时刻将其全部负载 $L_i(t)$ 向其邻居节点分配。其中，ϕ 为过载能力调节参数，$\phi \geq 1$，ϕ 越大，节点由正常变为暂停或失效的概率越小。ϕC_i 又可称为节点过载承受能力。

3.1.3.2 负载重分配模型

当网络中某一节点发生故障时，其负载会分配给与其相连的邻居节点，引发网络负载重分配。由于城市群复合交通网络节点的负载与容量不一定呈线性关系，同时，在现实交通网络中，空闲容量大的站点可以分担更多的交通流。因此，本书采用基于节点空闲容量比例的择优分配模型，对节点负载进行重分配。用 $P_{ij}(t)$ 表示 t 时刻节点 v_i 向其邻居节点 v_j 的分配概率：

$$P_{ij}(t) = \frac{C_j - L_j(t)}{\sum_{v_k \in A}(C_k - L_k(t))} \quad (3\text{-}6)$$

（1）若 v_i 为暂停节点：

$$\Delta L_j(t) = P_{ij}(t)(L_i(t-1) - C_i) \quad (3\text{-}7)$$

（2）若 v_i 为失效节点：

$$\Delta L_j(t) = P_{ij}(t)L_i(t-1) \quad (3\text{-}8)$$

式中　$\Delta L_j(t)$ —— t 时刻 v_j 接受的新负载量；

C_j、C_k、C_i —— 节点 v_j、v_k、v_i 的容量；

$L_j(t)$、$L_k(t)$、$L_i(t-1)$ —— 节点 v_j、v_k、v_i 在相应时刻的负载；

A —— 节点 v_i 的邻居节点集合。

3.2 城市群中考虑连边过载的级联失效模型

3.2.1 初始负载与容量

若节点 d^i 未遭到破坏，且未接受额外的负载分配，则该节点在 0 时刻的负载就等于该节点的权重 h^i，即

$$L^i(0) = h^i \quad (3\text{-}9)$$

节点 d^i 的容量为 $c^i = T_1 L^i(0)$，T_1 为节点容量系数。

同理，若边 b^{ij} 未遭到破坏且未接受额外的负载分配，则该边在 0 时刻的负载就等于该边的权重 w^h，即

$$L^{ij}(0) = w^h \quad (3\text{-}10)$$

边 b^{ij} 的容量为 $c^{ij} = T_2 L^{ij}(0)$，T_2 为边容量系数。

为了更贴近现实，将节点容量修正为节点历史日最高聚集人数。

3.2.2 节点状态识别

以 $\Delta L^i(t+1)$ 表示网络受攻击后节点 d^i 在下一时刻向其相邻节点分配

的负载量，如式（3-11）所示。

$$\Delta L^i(t+1) = \begin{cases} 0 & L^i(t) \leq c^i \\ L^i(t) - c^i & c^i < L^i(t) < \phi c^i \\ L^i(t) & \phi c^i \leq L^i(t) \end{cases} \quad (3-11)$$

式中　$L^i(t)$——节点 d^i 未受影响前负载；

ϕ——过载能力调节参数（$\phi \geq 1$），ϕ 越大则节点失效的概率越小。

该式表示，当节点 d^i 在 t 时刻的负载小于其容量即 $L^i(t) \leq c^i$ 时，节点处于正常状态，下一时刻向其相邻节点分配 0 负载；当负载大于其容量而小于其过载能力即 $c^i < L^i(t) < \phi c^i$ 时，节点处于暂停状态，下一时刻向其相邻节点分配 $L^i(t) - c^i$ 的负载但不接受新的负载；当负载大于其过载能力即 $\phi c^i < L^i(t)$ 时，节点处于失效状态，下一时刻向其相邻节点分配其全部负载 $L^i(t)$ 且此后不接受新的负载。

3.2.3　负载分配模型

当网络中节点向与其相连的正常节点分配负载时，考虑到两节点之间连边的剩余容量对负载分配的影响，对剩余容量分配策略进行改进。

节点 d^i 受攻击或级联失效影响，需要向外分配负载时，以 d^i 的一个相邻节点 d^j 为例：

当 $c^{ij} - L^{ij}(t) < c^j - L^j(t)$，$j$ 节点的分配概率 $P_{ij}(t)$：

$$P_{ij}(t) = \frac{c^{ij} - L^{ij}(t)}{\sum_{k \in A} \min[(c^{ik} - L^{ik}(t)), (c^k - L^k(t))]} \quad (3-12)$$

当 $c^{ij} - L^{ij}(t) > c^j - L^j(t)$，$j$ 节点的分配概率 $P_{ij}(t)$：

$$P_{ij}(t) = \frac{c^j - L^j(t)}{\sum_{k \in A} \min[(c^{ik} - L^{ik}(t)), (c^k - L^k(t))]} \quad (3-13)$$

式中　A ——城市群客运交通网络中与节点 i 连接的所有节点的集合；
　　　k ——A 中的节点。

若 d^i 为失效节点，则

$$\Delta L^j(t+1) = P_{ij}(t) L^i(t) \qquad (3\text{-}14)$$

若 d^i 为暂停节点，则

$$\Delta L^j(t+1) = P_{ij}(t)(L^i(t) - C^i) \qquad (3\text{-}15)$$

式中　$\Delta L^j(t+1)$ —— $t+1$ 时刻节点 d^j 接受的 d^i 的负载量。

3.3　城市群中考虑实际距离的级联失效模型

目前，国内外学者对城市交通网络级联失效的研究多采用容量-负荷模型。本部分根据城市群的复杂性和特殊性，对容量-负荷模型进行改进，构建城市群交通网络级联失效模型，具体步骤如下：

Step1：在城市群交通网络中，节点 i 在 τ 时刻的负荷为 $l_i(\tau)$，容量为 c_i，所有节点在初始时刻均保持正常状态，即 $c_i \times \delta = l_i(\tau)$，且 $0 \leq \delta \leq 1$，$\tau = 0$，δ 为节点的容量系数。

Step2：以随机攻击策略、蓄意攻击策略对城市群交通网络中的节点进行攻击，使受到攻击的节点失效。

Step3：节点受到攻击后，将负荷分配给与其相连的节点。由于城市群地域相对辽阔，地理距离显著影响着负荷的分配。而且，在实际情况中，节点的度越大，吸引的负荷就越多。因此，为了表示地理距离与节点度在负荷分配时的重要性，运用地理距离权重 α、节点度权重 β 进行度量，如节点 i 失效，则与其相连节点 j 的负荷分配公式为：

$$l_j(\tau+1) = l_j(\tau) + \left(\alpha \frac{x_{ij}}{\sum_{j \in \Phi} x_{ij}} + \beta \frac{k_j}{\sum_{j \in \Phi} k_j} \right) l_i(\tau) \qquad (3\text{-}16)$$

式中 ϕ ——与节点 i 相连节点的集合；

x_{ij} ——节点 i，j 之间的地理距离；

k_j ——节点 j 的节点度；

α，β ——地理距离权重与节点度权重，且满足 $\alpha+\beta=1$。

Step4：除受到攻击的节点失效外，与其相连的节点会承担一部分负荷。如果节点承担负荷后，其负荷超过了容量，则该节点失效并转至 Step3；如果不大于其容量，则转至 Step5。

Step5：除失效的节点外，对于所有节点 i，均有 $l_i(\tau) \leqslant c_i$，则城市群交通网络的级联失效过程结束，在此，运用抗毁性测度指标进行评价。如果所有节点都受到攻击，则结束仿真；否则转至 Step2。

3.4 本章小结

本章介绍了在城市群交通网络中构建级联失效模型的三种代表性方法。基于容量-负荷模型，本章构建的三种级联失效模型考虑了负载在传递过程中可能出现的节点过载、连边过载情况，此外，由于城市群交通网络不同于一般的复杂网络，它是有交通载体（人、车、路）的实体网络，因此，在第三种 3.3 节级联失效模型构建过程中考虑了现实中地理距离对网络负载分配的影响。

PART FOUR

第4章 城市群客运交通网络特性测度指标

4.1 节点度和度分布

在城市群交通网络中，某一节点代表一个站点，它的度值表示与该站点直接相连的其他站点数，可以反映站点规模的大小。该特性统计值越大，则站点规模越大。度分布是网络的宏观统计特性，是节点度的概率分布函数。

（1）节点度。

节点度表示某个节点 i 以边连接着的其他节点的数目，用 k_i 表示节点度：

$$k_i = \sum_{j \in n} a_{ij} \qquad (4\text{-}1)$$

（2）度分布。

在城市群交通网络中，它表示度为 k_i 的节点总数 $N(k_i)$ 占网络中所有节点数目 n 的比例，用 $P(k_i)$ 表示：

$$P(k_i) = \frac{N(k_i)}{n} \qquad (4\text{-}2)$$

4.2 平均路径长度

平均路径长度表示在城市群中任意两站点之间穿行平均所需途经的

站点数，可以反映网络的连通性。该特性统计值越小，说明任意两站点之间的连通越方便，网络整体的连通性越好。

（1）对于城市群内第 s 个城市中心地区的交通网络，V_s 为其节点的集合，其中节点数目为 q_s；d_{ijs} 表示连接该集合内任意两节点最短路径的边数；L_{1s} 表示该集合对应交通网络的平均路径长度。

$$L_{1s} = \frac{1}{\frac{1}{2}q_s(q_s+1)} \sum_{i>j} d_{ijs} \qquad (4\text{-}3)$$

（2）对于城市群内所有旗县地区的交通网络，V_{p+1} 为其节点的集合，其中节点数目为 $(n-m)$；d_{ij} 表示连接该集合内任意两节点最短路径的边数；L_2 表示该集合对应交通网络的平均路径长度。

$$L_2 = \frac{1}{\frac{1}{2}(n-m)[(n-m)+1]} \sum_{i>j} d_{ij} \qquad (4\text{-}4)$$

（3）对于城市群交通网络整体，V 为其节点的集合，其中节点数目为 n；d'_{ij} 表示连接该集合内任意两节点最短路径的边数；L 表示该集合对应交通网络合的平均路径长度。

$$L = \frac{1}{\frac{1}{2}n(n+1)i} \sum_{i>j} d'_{ij} \qquad (4\text{-}5)$$

4.3 网络聚集系数

在城市群交通网络中，聚集系数分为局部聚集系数和网络聚集系数，用来反映网络中节点的聚集程度。局部聚集系数是一个节点的所有邻居节点间的实际连边数与可能连边数之比。网络聚集系数即所有节点聚集系数的平均值。网络聚集系数的统计值越大，说明城市群交通网络的聚集程度越高。对于城市群交通网络中的某一节点 i：

(1)当节点 i 位于城市群内第 s 个城市中心地区的交通网络时,即 $i \in V_s$;k_{is} 表示 i 的邻居节点数目;e_{is} 表示其邻居节点间的实际连边数;C_{is} 表示该节点的聚集系数。

$$C_{is} = \frac{e_{is}}{\frac{1}{2}k_{is}(k_{is}-1)} \tag{4-6}$$

C_{1s} 表示集合 V_s 对应交通网络的聚集系数。

$$C_{1s} = \frac{1}{q_s}\sum_{i=1}^{q_s} C_{is} = \frac{1}{q_s}\sum_{i=1}^{q_s} \frac{e_{is}}{\frac{1}{2}k_{is}(k_{is}-1)} \tag{4-7}$$

(2)当节点 i 位于城市群内所有旗县地区的交通网络时,即 $i \in V_{p+1}$;k_i 表示 i 的邻居节点数目;e_i 表示其邻居节点间的实际连边数;C_i 表示该节点的聚集系数。

$$C_i = \frac{e_i}{\frac{1}{2}k_i(k_i-1)} \tag{4-8}$$

C_2 表示集合 V_{p+1} 对应交通网络的聚集系数。

$$C_2 = \frac{1}{n-m}\sum_{i=m+1}^{n} C_i = \frac{1}{n-m}\sum_{i=m+1}^{n} \frac{e_i}{\frac{1}{2}k_i(k_i-1)} \tag{4-9}$$

(3)C 表示城市群交通网络整体的聚集系数。

$$\begin{aligned}C &= \frac{1}{n}\left(\sum_{i=1}^{q_1}\frac{e_{i1}}{\frac{1}{2}k_{i1}(k_{i1}-1)} + \sum_{i=1}^{q_2}\frac{e_{i2}}{\frac{1}{2}k_{i2}(k_{i2}-1)} + \cdots + \sum_{i=1}^{q_s}\frac{e_{is}}{\frac{1}{2}k_{is}(k_{is}-1)}\right.\\ &\left.+ \cdots + \sum_{i=1}^{q_p}\frac{e_{ip}}{\frac{1}{2}k_{ip}(k_{ip}-1)} + \sum_{i=m+1}^{n}\frac{e_i}{\frac{1}{2}k_i(k_i-1)}\right) \\ &= \frac{1}{n}[q_1 C_{11} + q_2 C_{12} + \cdots + q_s C_{1s} + \cdots + q_p C_{1p} + (n-m)C_2]\end{aligned} \tag{4-10}$$

4.4 实证研究

4.4.1 复合交通网络的构建

此处选取内蒙古自治区呼包鄂城市群为研究对象，按照"站点映射法"分别以城市群内所有汽车站和火车站为网络节点，若站点之间通车，则节点之间有边相连，从而得到与其对应的邻接矩阵。将邻接矩阵输入Pajek软件绘制初始网络拓扑图，整理后分别得到道路交通网络拓扑图和轨道交通网络拓扑图，如图4-1、图4-2所示。

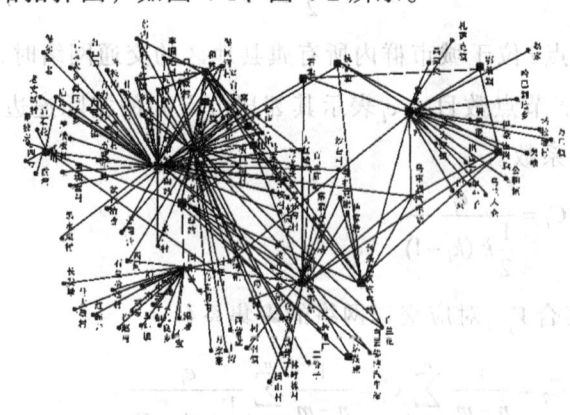

图4-1 呼包鄂城市群道路交通网络拓扑图

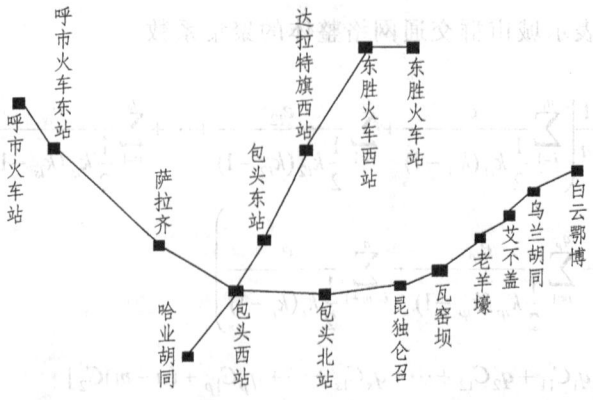

图4-2 呼包鄂城市群轨道交通网络拓扑图

由于呼包鄂城市群位于西北部内陆地区，无水路运输网络且航空运输网络单一，故只将其道路、轨道交通网络进行叠加构建复合交通网络。将地理位置较近的节点视为一个节点，当叠加后的节点间存在多条边相连时将其视作一条边，得到复合交通网络拓扑图。该网络共有166个节点，如图4-3所示。

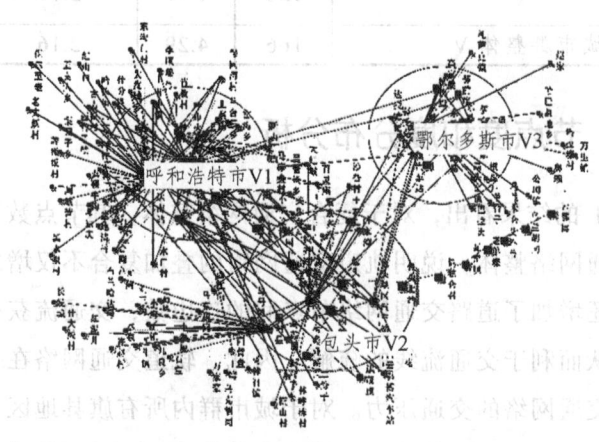

图4-3 呼包鄂城市群复合交通网络拓扑图

4.4.2 网络重要特性指标变化情况

经Pajek及Matlab仿真计算，得到呼包鄂城市群道路交通网络、复合交通网络特性指标变化情况如表4-1所示。

表4-1 城市群交通网络特性指标变化情况表

交通网络	范围	节点数	平均度	平均路径长度	聚集系数
道路交通网络	呼和浩特市中心地区 V1	16	12.98	1.66	0.4125
	包头市中心地区 V2	11	11.50	1.98	0.4994
	鄂尔多斯市中心地区 V3	11	7.02	1.76	0.3986
	城市群中所有旗县地区 V4	117	1.43	3.56	0.0015
	城市群整体 V	155	4.02	2.85	0.1154

续表

交通网络	范围	节点数	平均度	平均路径长度	聚集系数
复合交通网络	呼和浩特市中心地区 V1	17	13.14	1.75	0.456 2
	包头市中心地区 V2	15	12.20	2.05	0.552 0
	鄂尔多斯市中心地区 V3	14	7.28	1.85	0.448 5
	城市群中所有旗县地区 V4	120	1.67	2.79	0.038 8
	城市群整体 V	166	4.29	2.16	0.162 5

4.4.3 节点度和度分布分析

从表 4-1 的结果看出，对于复合交通网络整体，其节点数和平均度均大于道路交通网络整体。说明轨道交通网络的叠加复合不仅增加了网络节点数，同时还增加了道路交通网络节点间的连边数，交通流获得了更多可选择路径，从而利于交通流线的疏解。因此，轨道交通网络在一定程度上分散了道路交通网络的交通压力。对于城市群内所有旗县地区，通过叠加复合，网络只增加了 3 个节点，平均度变化为 0.24，说明轨道交通网络的叠加对于这一范围内的站点影响较小。即该范围内运输方式单一，站点的规模较小，通达性较差，客货运输依赖城市中心地区进行转运。这不仅提高了运输成本而且增加了城市中心地区的交通压力。对于城市群内呼和浩特、包头、鄂尔多斯三市中心地区，复合交通网络平均度较大，说明该范围内站点的通车路线较多，交通流有更多路径可供选择。由于轨道交通网络的叠加复合使得呼和浩特火车站及长途汽车站节点度达到最大 53，其余有着较大节点度的几个站点如表 4-2 所示。

表 4-2 呼包鄂城市群复合交通网络节点度最大的七个站点

排序	站点名	节点度
1	呼和浩特市火车站及长途汽车站	53
2	呼和浩特市通达汽车南站	51
3	包头市东河汽车站	21

续表

排序	站点名	节点度
4	东胜区汽车站	20
5	包头市昆区汽车站	18
6	和林县汽车站	18
7	固阳县汽车站	17

经 Pajek 及 Matlab 仿真计算得到复合交通网络节点度大小分布如图 4-4 所示，节点度分布如图 4-5 所示。从中可以看出节点度 $k_i \in [1,53]$，节点度分布具有长尾效果，服从幂律分布，网络大部分节点的度值较小，只有少量位于呼包鄂三市中心地区的节点的度值较大，它们承担着城市群内大部分交通压力。因此，呼包鄂城市群复合交通网络具有无标度现象。

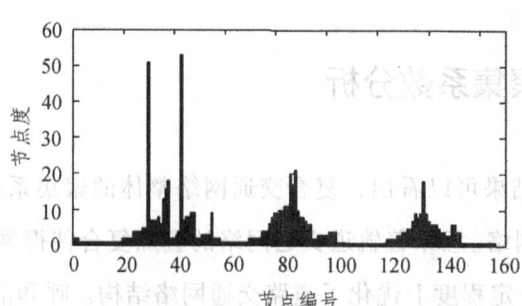

图 4-4　呼包鄂城市群复合交通网络节点度大小分布

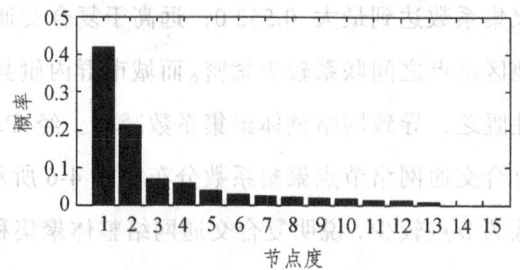

图 4-5　呼包鄂城市群复合交通网络节点度分布

4.4.4 平均路径长度分析

从表 4-1 结果可以看出,呼包鄂城市群道路交通网络整体的平均路径长度为 2.85,说明任意两站点间的穿行平均需要途经 3 个站点。而在叠加复合了轨道交通网络之后,网络的整体平均路径长度降低了 0.69,此时,站点之间的穿行平均途经 2 个站点即可。通过叠加复合减少了任意两站点间穿行所需途经的站点数,使得站点间的联系更加紧密。呼和浩特、包头、鄂尔多斯三市中心地区的复合交通网络平均路径长度最长不超过 2.1,旗县地区的复合交通网络平均路径长度为 2.79,与城市中心地区相比,站点之间互相到达路段增多,导致居民出行经过站点增加了一个。

4.4.5 聚集系数分析

从表 4-1 结果可以看出,复合交通网络整体的聚集系数为 0.162 5,高于道路交通网络。意味着轨道交通网络的叠加复合使得网络整体的聚集程度增大,在一定程度上优化了道路交通网络结构。呼和浩特、包头、鄂尔多斯三市中心地区的复合交通网络聚集系数相对较大,包头市中心地区复合交通网络聚集系数达到最大 0.552 0,远高于复合交通网络整体,说明三城市中心地区站点之间联系较为紧密。而城市群内旗县地区的站点分布稀疏,连通性匮乏,导致网络整体聚集系数减小。经 Pajek 和 Matlab 仿真计算得到复合交通网络节点聚集系数分布如图 4-6 所示,从中可以看出聚集系数偏低的节点较少,说明复合交通网络整体聚集程度较高,集团化明显。

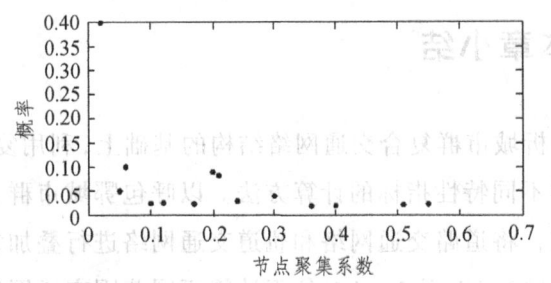

图 4-6 呼包鄂城市群复合交通网络节点聚集系数分布

4.4.6 结果分析

通过上述对比分析可知，在网络结构方面，呼包鄂城市群轨道交通网络结构单一，轨道交通网络的叠加并没有使网络结构发生较大改变。但轨道交通网络在一定程度上分散了道路交通网络的交通压力并增大了网络的聚集程度，说明轨道和道路运输方式间存在协作关系。因此，在未来交通路网规划建设时，应该大力建设铁路线网，同时综合考虑道路线网的结构布局，以增大轨道与道路运输方式的协调性。

在网络性能方面，轨道交通网络的叠加复合提高了城市群交通网络整体的可达性。但复合交通网络整体性能依然偏低，旗县地区站点间匮乏的通达性是制约网络整体性能的关键所在。位于呼包鄂三市中心地区的少量站点如呼和浩特火车站及长途汽车站、包头东河汽车站等承担着城市群内大部分交通压力。因此，除了通过丰富城市中心地区其余站点的通车路线，分担交通流，更重要的是应该加强城市群内旗县地区交通站点的建设，减少其交通流转运对城市中心地区站点的依赖，从而缓解城市中心地区的交通压力。这样才能解决制约网络整体性能的关键瓶颈，从根本上提高呼包鄂城市群复合交通网络性能，使其充分发挥经济辐射作用。

4.5 本章小结

本章在分析城市群复合交通网络结构的基础上,利用复杂网络理论,阐述了城市群不同特性指标的计算方法。以呼包鄂城市群为研究对象进行了实证研究,将道路交通网络和轨道交通网络进行叠加复合构建复合交通网络。通过 Pajek 及 Matlab 仿真计算不同范围交通网络特性指标统计值,对其进行对比分析,发现轨道交通网络的叠加提高了网络整体的可达性,制约复合交通网络整体性能的关键是旗县地区站点间匮乏的通达性,最后提出了相应的改进意见。通过仿真分析得出的这些结论,不仅可以为城市群未来新的交通线路设计提供直接参考依据,而且对城市群未来不同运输方式的协调发展具有重要的理论及现实意义。

PART FIVE

第 5 章 城市群客运交通网络抗毁性测度指标

城市群客运交通网络抗毁性测度与城市交通网络存在很大差异。传统的城市交通网络服务范围集中，对其进行抗毁性测度以全网效率为重要指标。而城市群复合交通网络涵盖范围大，运行距离长，由于不同运输方式网络的叠加，使得客运交通网络节点数量多、连边多。某一节点失效造成节点间的最短路径距离变化很小，全网效率变化便很不明显。因此，在仿真过程当中，全网效率不能很好地反映城市群客运交通网络抗毁性的变化。同时，考虑到城市群内核心城市的存在会造成交通网络不同范围内的节点性能差距较大。若采取城市交通网络抗毁性研究方法，只追求提高全网效率以改善网络抗毁性，即使大力建设城市群交通网络，最终也只会顾此失彼，进一步增大不同范围网络之间的性能差距，导致网络整体更加脆弱。

当遭受异常事件影响时，应该将城市群综合客运交通网络真实的损毁程度作为抗毁性测度的标准。网络的损毁程度越大，满足客货运输需求的性能就越低，相应的抗毁性便越弱。子图数可将这一损毁程度定量化表示。当遭受异常事件影响时，原本处于连通状态的网络会被迅速损毁成多个节点数不同的子图，这些子图的数量即子图数。它可以直观反映城市群复合交通网络的真实损毁程度。而在所有子图当中，节点数最多且保持连通的子图称为最大连通子图。它的相对规模大小可以从另方面反映网络的损毁程度。最大连通子图相对规模越小，网络的连通能力越差，损毁程度便越高，相应的抗毁性便越弱。可以选取最大连通子图相对规模作为城市群复合交通网络抗毁性测度的另一个指标。

综上，我们从网络效率和网络连通度两个方面给出城市群交通网络的抗毁性测度指标，并根据城市群交通网络自身的特征，对所选指标做进一步改进。

5.1 网络效率

城市群客运交通网络受到异常事件影响产生"去点去边"的情况，导致网络失去部分或全部联通能力，网络对异常事件的抵抗能力被称为网络的抗毁性，因此，抗毁性的测度应具有全局整体性。同时，当某一站点发生异常事件而失效时，会使与该站点直接相连的所有线路失效，交通流的多次分流最终会引起整个城市群客运交通网络连锁拥堵。因此，抗毁性测度应关注失效节点向全网延伸的传导性。基于此，本部分选取全网效率作为城市群客运交通网络抗毁性测度指标，通过其变化来确定某一站点或线路失效造成网络性能改变的大小。

（1）节点效率。

在复杂网络理论中，网络中任意两节点v_i、v_j之间的效率即它们之间距离d_{ij}的倒数，用ε_{ij}表示为：

$$\varepsilon_{ij} = \frac{1}{d_{ij}} \tag{5-1}$$

节点v_i、v_j之间的距离d_{ij}越大，它们之间的效率越低，联系越匮乏。当$d_{ij}=\infty$时，$\varepsilon_{ij}=0$，节点v_i、v_j处于非连通状态，它们之间的效率为零。

（2）全网效率。

若网络有n个节点，则全网效率是网络所有节点之间效率的平均值。

全网效率越高，表明网络连通性越好，节点间的聚集程度越高，信息传递消耗的资源越少，用 E 表示全网效率：

$$E = \frac{1}{n(n-1)}\sum_{i \neq j}\varepsilon_{ij} = \frac{1}{n(n-1)}\sum_{i \neq j}\frac{1}{d_{ij}} \tag{5-2}$$

令 $\Delta E = E - E'$，其中 ΔE 表示全网效率的变化量，E 表示节点失效前的全网效率，E' 表示节点失效后的全网效率，用 e 表示全网效率相对下降率：

$$e = \frac{\Delta E}{E} = \frac{E - E'}{E} \tag{5-3}$$

5.2 加权最大连通子图相对规模

考虑到城市群复合交通网络中不同节点之间的差异较大，权值不同，而传统的最大连通子图相对规模仅用网络遭受攻击后最大连通子图中的节点数占初始网络节点数的比例来衡量网络抗毁性，无法刻画节点、连边权值的差异对网络抗毁性造成的影响。所以，本部分对该测度指标进行了修正，用网络遭受攻击后，最大连通子图中所有节点的点权之和占初始网络中所有节点的点权之和的比例来衡量网络抗毁性。用 S 表示修正最大连通子图相对规模：

$$S = \frac{\sum_{i=1}^{N'}H_i}{\sum_{i=1}^{N}H_i} \tag{5-4}$$

式中　N'——网络遭受异常事件影响后最大连通子图中的节点数；

　　　N——未遭受异常事件影响时网络中的节点数；

　　　H_i——第 i 个节点的点权。当 $S=1$ 时，网络处于全连通状态，抗毁性最强。

PART SIX

第6章 随机攻击策略下城市群客运交通网络级联抗毁性仿真

6.1 城市群客运交通网络模型构建

6.1.1 城市群交通网络模型构建

基于第2章关于城市群交通网络建模方法的分析，本章采用"站点映射法"构建城市群交通网络模型。将城市群内不同运输方式的所有站点视作网络的节点，将连接站点的各条线路视为网络的边，将地理位置较近的站点或边进行复合，形成复合节点或复合边。将站点日旅客发送量作为节点点权，任意连边日旅客运载量作为连边边权，构建城市群加权交通网络模型，做出如下假设与定义：

假设1：不考虑交通网络的方向性。若某一节点可以到达另一节点，则假设另一节点也可返回该节点，且在两个方向上的交通流量大致相同，即城市群交通网络是无向网络。

假设2：城市群交通网络内各条线路的交通供给量由实际的交通需求量确定，且在短时间内交通需求稳定。

定义1：交通子网。将城市群内道路、铁路、水运、航空四种运输方式的交通网络定义为交通子网。

定义2：复合节点。对两个或两个以上交通子网进行叠加，将地理位置较近的汽车站、火车站、港口、机场忽略地理距离进行合并得到的节点称为复合节点。若旅客在站点之间换乘的步行时间在可接受的合理范围内，则认为站点地理位置较近。用 V' 表示所有合并节点的集合，V'' 表示复合节点的集合。

定义 3：复合边。交通子网叠加后，若两个节点之间有多条边相连，将其视为一条边相连，称该边为复合边。用 E' 表示所有合并连边的集合，E'' 表示复合边的集合。

由此，本章通过复合节点、复合边将多个不同类型的交通子网进行连接构建城市群交通网络模型，记作 $G(V,E,W,H)$，其中，V 表示城市群交通网络节点的集合，表示为

$$V = \bigcup_{s=1}^{q} V_s \setminus V' \bigcup V'' = \{v_1, v_2, \cdots, v_i, \cdots, v_n\}$$

式中　q ——复合交通子网数；

n ——复合网络中节点数目。

E 表示 V 对应的边集：

$$E = \bigcup_{s=1}^{q} E_s \setminus E' \bigcup E'' = (e_{ij})_{n \times n}$$

式中　若 $v_i R v_j$，则 $e_{ij} = 1$；若 $v_i \bar{R} v_j$，则 $e_{ij} = 0$。

对于复合边，其相应权重为各交通子网合并连边边权之和，由此得到

$$W = (w_{ij})_{n \times n}$$

式中　w_{ij} ——边 ij 的权重。

对于复合节点，其相应权重为各交通子网合并节点点权之和，由此得到

$$H = \{h_1, h_2, \cdots, h_i, \cdots, h_n\}$$

式中　h_i ——节点 i 的权重。

6.1.2 修正交通网络权重

由于交通需求的独特性，城市群交通需求在时间上呈现出一定的特征。不同时间段、不同线路上的旅客载运量不尽相同，为了描述城市群交通需求的这种特征，我们引入参数&。

定义 $w_s^f = \& \times r_s^f$ 为城市群中第 s 个交通子网第 f 条连边的边权，其中 & 为介于[0，1]之间的数，用来描述交通网络在不同时期内客流量的差异（或用来调整网络上客流量的多少），r_s^f 表示第 s 个交通子网第 f 条连边上的日提供座位数，由边权可得到相应节点的点权。由此得到边权、点权如式（6-1）、（6-2）所示。

$$w_s^f = \& \times r_s^f \quad (6\text{-}1)$$

$$h_s^i = \& \sum_{f=1}^{k_s^i} r_s^f \quad (6\text{-}2)$$

式中　k_s^i——节点 i 的连边数目。

6.2 随机攻击策略下的城市群客运交通网络级联失效模型构建

6.2.1 修正负荷-容量模型

定义城市群交通网络负荷-容量模型如下：

$$c_i = r \times l_i$$

$$c_{ij} = r \times l_{ij}$$

式中　c_i——节点 i 容量；

c_{ij}——边 ij 容量；

l_i——节点 i 初始负载；

l_{ij} ——边 ij 初始负载;

r ——城市群交通网络过载能力参数。

设定节点 v_i 的初始负载为节点遭受破坏之前的权重 h_i,边 ij 的初始负载亦为对应边的权重 w_{ij},由此得到

$$l_i = h_i$$
$$l_{ij} = w_{ij}$$

6.2.2 节点、连边状态识别

(1)节点状态识别:

$$if \begin{cases} l_i < c_i & 正常 \\ l_i \geqslant c_i 且 rand > p_i & 暂停 \\ l_i \geqslant c_i 且 rand \leqslant p_i & 失效 \end{cases} \quad (6\text{-}3)$$

式中　$rand$ ——0 到 1 的随机数;

p_i ——节点 i 的失效概率,定义见式(6-4)。

$$p_i = \frac{l_i - c_i}{c_i} \quad (6\text{-}4)$$

(2)连边状态识别:

$$if \begin{cases} l_{ij} < c_{ij} & 正常 \\ l_{ij} \geqslant c_{ij} 且 rand > p_{ij} & 暂停 \\ l_{ij} \geqslant c_{ij} 且 rand \leqslant p_{ij} & 失效 \end{cases} \quad (6\text{-}5)$$

式中　$rand$ ——0 到 1 的随机数;

p_{ij} ——边 ij 的失效概率,定义见式(6-6)。

$$p_{ij} = \frac{l_{ij} - c_{ij}}{c_{ij}} \quad (6\text{-}6)$$

6.2.3 过载节点、连边负载重分配

（1）暂停节点负载重分配。

对于暂停节点，由于过载节点与周边节点所构成的线路依然照常通车，只是交通设施显得"供不应求"，我们考虑在此种情况下，旅客将优先选择节点连边剩余容量较大的线路，这样，将过载节点的多余负载通过边进一步分配给相邻节点，扩大级联效应的影响。基于此，构建考虑边剩余容量的负载重分配模型，见式（6-7）、（6-8）。

$$\Delta e_{ij(t+1)} = \Delta l_i \frac{c_{ij} - l_{ij}}{\sum_{a \in \Gamma_i}(c_{ia} - l_{ia})} \quad (6-7)$$

$$\Delta l_i = l_i - c_i \quad (6-8)$$

式中　$\Delta e_{ij(t+1)}$ —— $t+1$时刻由暂停节点i分配至边ij的负载；

Γ_i ——节点i的邻居节点集合。

（2）失效节点负载重分配。

对于失效节点，所有与之相连的线路都将作废，由此将导致此地交通瘫痪。旅客在进行路线选择时，首要考虑的因素便是到达站点的通达程度，其次对于换乘的旅客而言，对应站点在全网中的连通程度也将成为其考虑的重要因素之一。基于此，构建考虑距离和全网连通度的网络连通距离权效应指标，用f_{ij}表示连通距离权效应，见式（6-9）、（6-10）。

$$f_{ij} = \frac{B_{ij}}{\sum_{f \in \Gamma_i} B_{if}} \bigg/ \frac{d_{ij}}{\sum_{f \in \Gamma_i} d_{if}} \quad (6-9)$$

$$B_{ij} = \frac{\sum_{l \neq p \in V} \sigma_{lp}^{e_{ij}}}{\sum_{l \neq p \in V} \sigma_{lp}} \quad (6-10)$$

式中　B_{ij} ——边ij的介数；

$\sigma_{lp}^{e_{ij}}$ ——通过边e_{ij}节点v_l和v_p之间的最短路径数；

σ_{lp} —— 节点 v_l 和 v_p 之间的最短路径数；

Γ_i —— 节点 i 失效前的邻居节点集合；

d_{ij} —— 边 ij 的实际空间距离。

据此，构建失效节点的负载重分配模型，见式（6-11）、（6-12）。

$$\Delta e_{ij(t+1)} = \Delta l_i \cdot f_{ij} \quad (6\text{-}11)$$

$$\Delta l_i = l_i \quad (6\text{-}12)$$

式中 $\Delta e_{ij(t+1)}$ —— $t+1$ 时刻由失效节点 i 分配至节点 j 的负载。

（3）过载连边负载重分配。

对于暂停边，将过量负载平均分配至相邻两节点，假设 Δv_i 为暂停边分配至节点 v_i 的负载，见式（6-13）。

$$\Delta v_i = \frac{c_{ij} - l_{ij}}{2} \quad (6\text{-}13)$$

对于失效边，将负载全部分配至相邻两节点，假设 Δv_i 为失效边分配至节点 v_i 的负载，见式（6-14）。

$$\Delta v_i = \frac{l_{ij}}{2} \quad (6\text{-}14)$$

6.2.4 随机攻击策略

传统对网络中节点或边的攻击多分为蓄意和随机两种策略。在蓄意攻击当中，首先将节点或边按其重要程度由高到低进行排序，而后逐次攻击，观察网络负载的分配；随机攻击则将全网的节点或边进行编号，随机选取节点或边进行攻击。以往的研究往往单方面地攻击节点或边，而在城市群交通网络中，由于网络覆盖范围大，运行距离长，节点、连边发生故障具有极大的不确定性，因此分别对节点、连边进行攻击，即随机攻击网络中的节点或边，将攻击节点的负载按照既定的分配策略分配至相邻的边,并删除节点及其连边,将攻击边的负载按既定的分配策略分配至相连的节点,并删除受到攻击的边。

6.3 随机攻击策略下的城市群客运交通网络抗毁性测度指标构建

既有对网络抗毁性的研究,多选取最大连通子图,即通过网络受到攻击前后最大连通子图内有效节点个数的比值来衡量网络的抗毁性能。而城市群交通网络由于涵盖范围大,运行距离长,不同运输方式网络的叠加,使得城市群复合交通网络节点、连边数量众多,情况多变复杂,不同节点之间的客流量差异极大,传统的抗毁性测度指标将不再适用于城市群交通网络。因此,本章对该测度指标进行修正,用网络攻击前后最大连通子图内所有有效节点的点权和之比来作为新的抗毁性测度指标,用 S 表示修正最大连通子图相对规模,见公式(6-15)。

$$S = \frac{\sum_{i=1}^{N'} h_i}{\sum_{i=1}^{N} h_i} \tag{6-15}$$

式中　N' ——网络遭受攻击后最大连通子图内的节点数;
　　　N ——未遭受攻击时网络节点数。

6.4 随机攻击策略下的城市群客运交通网络级联抗毁性仿真方法

基于以上构建的城市群交通网络模型、级联失效模型、抗毁性测度指标,确定随机攻击策略下的城市群客运交通网络级联抗毁性仿真算法,具体步骤如下:

Step1：网络初始化。构建城市群复合交通网络 $G(V,E,W,H)$，确定客流调节参数 &、过载能力调节参数 r，确定网络普通连边、节点初始负载、容量，复合连边、节点初始负载、容量。

Step2：在全局视角下，随机无差别攻击节点或边。若攻击节点，则节点失效，删除失效节点及其连边，若攻击边，则边失效，删除失效边。

Step3：负载分配。对受到攻击的节点，由式（6-9）、（6-10）确定其向周边节点分配负载的比例，由式（6-11）、（6-12）确定下一时刻分配至相邻节点的负载量。对受到攻击的边，将其负载平均分配至相邻两节点。

Step4：更新网络节点负载，确定过载节点。根据式（6-3）、（6-4）判断网络节点状态，计算 t 时刻失效节点集合 V_u^t、暂停节点集合 V_p^t、正常节点集合 V_n^t。

Step5：判断是否发生级联失效。若 $V_u^t \bigcup V_p^t = \varnothing$，则不存在级联失效现象，转至 Step9；若 $V_u^t \bigcup V_p^t \neq \varnothing$，则发生级联失效，转至 Step6。

Step6：负载重分配。对暂停节点，由式（6-7）、（6-8）确定分配至相邻边的负载量。对失效节点，由式（6-9）、（6-10）确定其向周边节点分配负载的比例，由式（6-11）、（6-12）确定下一时刻分配至相邻节点的负载量。对暂停边，由式（6-13）确定分配至相邻节点的负载量。对失效边，由式（6-14）确定分配至相邻节点的负载量。

Step7：更新网络负载，确定过载节点、连边。根据式（6-3）、（6-4）判断网络节点状态，计算 $t+1$ 时刻失效节点集合 V_u^{t+1}、暂停节点集合 V_p^{t+1}、正常节点集合 V_n^{t+1}。根据式（6-5）、（6-6）判断网络连边状态，计算 $t+1$ 时刻失效边集合 E_u^{t+1}、暂停边集合 E_P^{t+1}、正常边集合 E_n^{t+1}。

Step8：判断是否存在级联失效。若 $V_u^{t+1} \bigcup V_p^{t+1} \bigcup E_u^{t+1} \bigcup E_p^{t+1} = \varnothing$，则不存在级联失效现象，转至 Step9；否则发生级联失效，转至 Step6。

Step9：输出城市群复合交通网络修正最大连通子图相对规模 S。

Step10：判断攻击是否结束。若 $V_n^{t+1} \bigcup E_n^{t+1} = \varnothing$，则转至 Step11；否则转至 Step2。

Step11：攻击结束。输出修正最大连通子图相对规模曲线图。

6.5 随机攻击策略下的城市群客运交通网络级联抗毁性实例仿真

6.5.1 呼包鄂城市群交通网络模型构建

基于上述构建的城市群交通网络级联抗毁性模型，本部分以呼包鄂城市群为例进行仿真实验。由于呼包鄂城市群地处中国西北部内陆地区，无水路运输且航空运输网络单一，承担城市群内客货比例较小，故将道路交通子网和轨道交通子网进行叠加，构建城市群复合交通网络模型。以城市群内所有汽车站、火车站为节点，通车线路为连边，分别构建城市群道路交通子网 G_1、轨道交通子网 G_2，其中，$|V_1|=156$，$|V_2|=29$，$|E_1|=429$，$|E_2|=90$。进一步将交通子网复合构建城市群复合交通网络模型，其中，$|V'|=11$，$|V''|=5$，$V=V_1 \bigcup V_2 \bigcup V'' \backslash V'$，$|V|=179$，$|E'|=6$，$|E''|=3$，$E=E_1 \bigcup E \bigcup E'' \backslash E'$，$|E|=516$。复合节点如表 6-1 所示，复合交通网络模型如图 6-1 所示。

表 6-1 复合节点

普通节点	交通网络类型	复合节点	旅客换乘步行时间/min
呼和浩特长途汽车站客运西站	道路交通网	呼和浩特长途汽车站—客运西站—火车站	5
呼和浩特火车站	铁路交通网		
鄂尔多斯汽车站	道路交通网	鄂尔多斯汽车站—火车站	8
鄂尔多斯火车站	铁路交通网		

续表

普通节点	交通网络类型	复合节点	旅客换乘步行时间/min
达拉特旗汽车站	道路交通网	达拉特旗汽车站—火车站	6
达拉特旗火车站	铁路交通网		
察素齐汽车站	道路交通网	察素齐汽车站—火车站	3
察素齐火车站	铁路交通网		
包头长途客运总站	道路交通网	包头长途客运总站—火车东站	8
包头火车东站	铁路交通网		

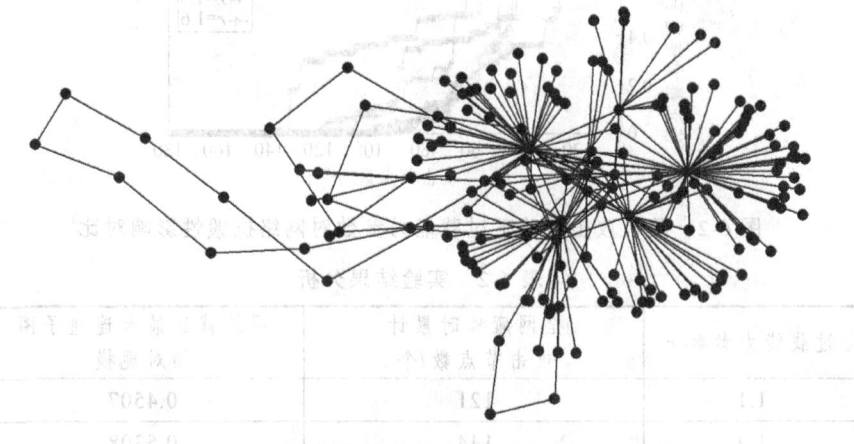

图 6-1　呼包鄂城市群道路-轨道交通网络模型

6.5.2　级联失效下过载能力参数对城市群交通网络抗毁性影响分析

（1）随机攻击节点抗毁性仿真。

在此，要想研究过载能力参数对城市群交通网络抗毁性的影响，需保持其他参数不变，通过过载能力参数的变化所导致城市群交通网络抗毁性的不同来反映其对城市群交通网络抗毁性的影响。基于对城市群交通网络供需相等的假设，假定城市群交通网络所开设的线路和站点日常均处于满负荷运转状态，即实际客流量等于实际提供的座位数，即取客流调节参数&=1，在此基础上考察网络过载能力参数对城市群交通网络抗毁性的影响。

保持客流调节参数&=1，均匀增大复合交通网络过载能力参数r。随机攻击节点至网络全局瘫痪，结果如图6-2所示，实验结果分析如表6-2所示。

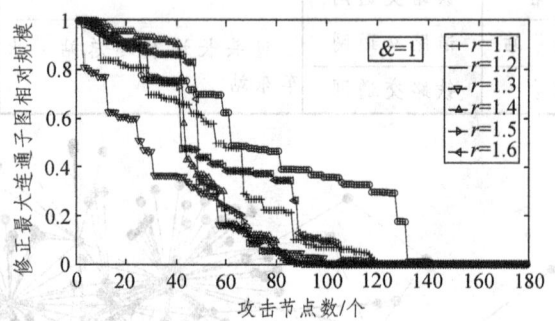

图6-2 随机攻击策略下过载能力参数对网络抗毁性影响对比

表6-2 实验结果分析

过载能力参数 r	全网瘫痪时累计攻击节点数/个	平均修正最大连通子图相对规模
1.1	121	0.4507
1.2	144	0.5308
1.3	102	0.3181
1.4	103	0.4771
1.5	91	0.5018
1.6	118	0.5049

由图6-2和表6-2可知，呼包鄂城市群复合交通网络未受攻击时修正最大连通子图相对规模为1，随着攻击节点数的增加，修正最大连通子图相对规模逐渐减小直至为0，此时网络瘫痪。实验当中，过载能力参数值由1.1均匀增加至1.6，网络的抗毁性能却并没有均匀增加，而是在一定范围内波动变化。其中，当过载能力参数r=1.2时，网络的抗毁

性能最佳，使得全网瘫痪的累积攻击节点数高达 144，平均修正最大连通子图相对规模为 0.5308，与过载能力参数 $r=1.1$ 时相比，累计攻击节点数目增加了 23，平均修正最大连通子图相对规模增加了 0.0801，网络的抗毁性能显著提升。继续增大过载能力参数的值，网络的抗毁性能大幅下降，累计攻击节点数跌至 102，平均修正最大连通子图相对规模跌至 0.3181。其后，继续增大过载能力参数的值，平均修正最大连通子图相对规模逐渐回升，网络的抗毁性能逐渐变强。

实验当中注意到，在过载能力参数 $r=1.5$ 时，全网瘫痪时的累积攻击节点数降至最低为 91 个节点。而观察 $r=1.5$ 时的平均修正最大连通子图相对规模，发现其值为 0.5018，表明在攻击过程中网络保持了较强的抗毁性能。此外，仿真过程中接连出现了修正最大连通子图相对规模的断崖式下降，这都表明现实的城市群交通网络具有极强的无标度特性，少数关键站点对网络抗毁性能的保持起着至关重要的作用，一旦破坏这些关键站点，对城市群交通网络的影响是巨大的。

（2）随机攻击连边抗毁性仿真。

基于对城市群中交通线路供需一致的考虑，选取客流调节参数 $\&=1$，在此基础上均匀增加过载能力参数的值，考察其对城市群交通网络抗毁性的影响，仿真结果如图 6-3 所示。

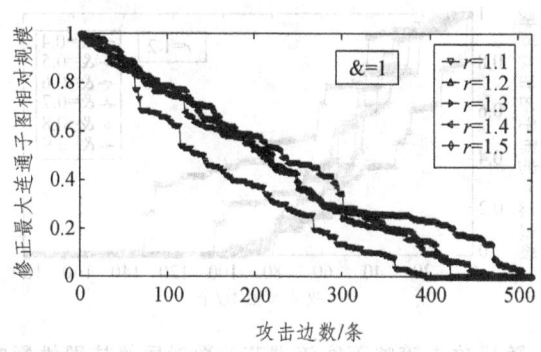

图 6-3　随机攻击策略下过载能力参数对网络抗毁性影响对比

由图 6-3 可知，当过载能力参数 $r=1.1$ 时，网络的抗毁性最差，仅攻击 396 条边就使得网络全局瘫痪。当过载能力参数 $r=1.2$、$r=1.3$、$r=1.4$、$r=1.5$ 时，攻击初期，四种情况下的修正最大连通子图相对规模相差较小，网络的抗毁性能相近；攻击中期，在攻击第 250 至第 300 条边的过程中，过载能力参数 $r=1.4$ 时，网络显示出较强的抗毁性能；攻击末期，过载能力参数 $r=1.5$ 时，网络较其他三种情况显示出更强的抗毁性。此种情况下累计攻击边数达到 516 才使得网络全部崩溃，攻击边数等于城市群交通网络存在的边数目，表明在攻击过程中没有发生级联失效，即过载能力参数过大使得网络的抗毁性能极强。

6.5.3 级联失效下客流调节参数对城市群交通网络抗毁性影响分析

（1）随机攻击节点抗毁性仿真。

研究客流调节参数对城市群交通网络抗毁性影响时，选取过载能力参数为 1.2，通过客流调节参数变化所导致城市群交通网络抗毁性的不同来反映其对城市群交通网络抗毁性的影响。随机攻击节点至网络全局瘫痪，结果如图 6-4 所示，试验结果分析如表 6-3 所示。

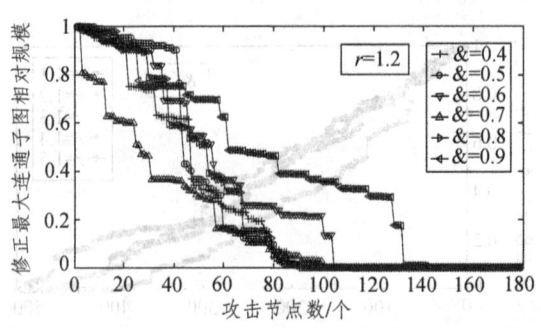

图 6-4 随机攻击策略下客流调节参数对网络抗毁性影响对比

表 6-3 实验结果分析

客流调节参数 &	全网瘫痪时累计攻击节点数/个	平均修正最大连通子图相对规模
0.4	91	0.5026
0.5	103	0.4771
0.6	112	0.5120
0.7	102	0.3181
0.8	91	0.5483
0.9	144	0.5271

由图 6-4 和表 6-3 可知，随着客流调节参数从 0.9～0.4 均匀下降，使全网瘫痪的累计攻击节点数以及平均修正最大连通子图相对规模的变化极不均匀。当 &=0.9 时，累计攻击节点数最大，为 144，此时平均修正最大连通子图相对规模为 0.5271；当 &=0.8 时，累计攻击节点数降至 91，修正平均最大连通子图相对规模却由 0.5271 增至 0.5483，增加了 0.0212；当 &=0.7 时，累计攻击节点数为 102，平均修正最大连通子图相对规模为 0.3181，达到最低；当 &=0.4、0.5、0.6 时，累计攻击节点数逐渐下降，平均修正最大连通子图相对规模在 0.4771 至 0.5120 之间波动。

（2）随机攻击连边抗毁性仿真。

分别选取过载能力参数 $r=1.1$、1.2、1.3，考察不同客流调节参数对城市群交通网络抗毁性的影响。实验发现，当过载能力参数 $r=1.1$ 时，不同客流调节参数对城市群交通网络抗毁性的影响区分较为明显；当过载能力参数 $r=1.2$ 及以上时，实验结果不明确。为了便于分析，我们选定过载能力参数 $r=1.1$，考察不同客流调节参数对城市群交通网路抗毁性的影响，实验结果如图 6-5 所示。

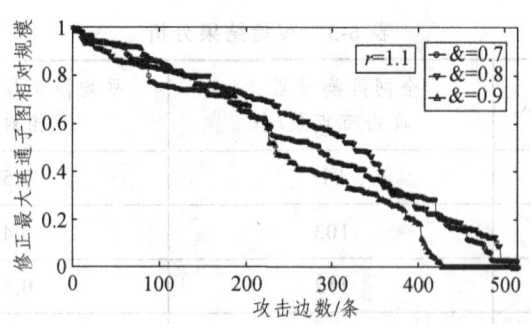

图 6-5　随机攻击策略下客流调节参数对网络抗毁性影响对比

由图 6-5 可知，当客流调节参数 &=0.9 时，网络抗毁性最差，仅攻击 430 条连边即可导致网络全局瘫痪，过程中网络对攻击较为敏感，修正最大连通子图相对规模下降较快。攻击前期和后期客流调节参数 &=0.7 和 &=0.8 的抗毁情况相近，修正最大连通子图相对规模相差较小，中期在攻击第 150 至第 350 条边的过程中，客流调节参数 &=0.8 时，网络抗毁性较强。此外，客流调节参数 &=0.7 时，累计攻击边数达到 516，网络全局崩溃，此时，网络的级联失效现象表现较弱，即单条线路的失效对网络整体的转运功能不产生极大影响，究其原因，在城市群交通网络中，连边负载相对节点较小，承担客流较少，线路失效之后，此线路上的客流能够充分被相邻节点所吸收，难以产生大规模的级联失效，对网络的影响较弱。

6.6　本章小结

本章针对城市群交通网络中的级联故障进行了研究。首先运用复合的方法构建城市群综合交通网络模型，然后在此基础上基于容量-负荷理论提出一种新的级联失效模型，定义节点的三种状态：正常、暂停、失效，给出基于过载程度的节点状态判定依据，重点研究了级联效应传递过程中加权网络的流量重分配机制，此机制根据过载节点所处的不同状态给出相应的流量分配规则(对暂停节点采用基于剩余容量的分配规则,对于失效节点采用基于连通距离权效应指标的流量分配规则),同时在级联效应发生时,考虑了节点(边)间边(节点)的过载能力,并运用呼包鄂城市群的实际客流数据进行仿真,结果表明:

(1)攻击节点时过载能力参数存在阈值为1.2,此时继续增大过载能力参数网络的抗毁性不能得到提升。

(2)网络的初始负载与网络抗毁性能不存在明显的相关关系,其值过大或过小均会使网络抗毁性能降低。

(3)相较于节点攻击,边攻击呈现出更强的抗毁性和不规律性。

(4)在随机攻击下,城市群交通网络呈现出极强的无标度特征。

本章的主要贡献在于:在随机攻击策略下,构建了针对城市群交通网络的级联失效模型和抗毁性测度指标,用城市群交通网络实际客流数据进行仿真,考察了网络初始负载和容量调节参数对交通网络抗毁性能的影响,发现了城市群交通网络的相关特征。

PART SEVEN

第 7 章 蓄意攻击策略下城市群客运交通网络级联抗毁性仿真

7.1 城市群客运交通网络模型构建

7.1.1 模型的假设与定义

假设 1：不考虑交通网络的方向性，即交通网络是无向网络。

假设 2：不考虑交通网络的修复。

定义 1：交通子网。将城市群内道路、轨道、航空、水运四种单一交通方式的交通网络定义为交通子网。以城市群中的站点为节点，以连接各站点的线路为连边，构建城市群交通子网模型。

定义 2：复合节点。当两个或两个以上的交通子网进行叠加时，将地理位置较近的交通站点进行复合得到的节点定义为复合节点。一般认为旅客在交通站点之间换乘时的步行时间在 10 分钟以内时两站点距离较近。

定义 3：复合边。两个复合节点间有多条子网边连接时，将所有边视为一条边，定义该边为复合边。

7.1.2 城市群交通子网模型构建

基于 7.1.1 中定义 1 所述，定义 $F_s(D_s, B_s, W_s, H_s)$ 为 s 交通子网，其中，

$s=1,2,3,4$,分别表示道路交通子网、轨道交通子网、航空交通子网和水运交通子网;$D_s = \{d_s^1, d_s^2, \cdots, d_s^i, \cdots, d_s^{n_s}\}$ 表示 F_s 内的节点集合,n_s 表示 D_s 内的节点数量;$B_s = (b_s^{ij})_{n_s \times n_s}$ 表示 D_s 对应边集,若 $d_s^i R d_s^j$,则 $b_s^{ij}=1$,若 $d_s^i \bar{R} d_s^j$ 则 $b_s^{ij}=0$;$W_s = \{w_s^1, w_s^2, \cdots, w_s^i, \cdots, w_s^{n_s'}\}$ 表示 B_s 内各边初始边权集合,n_s' 表示 B_s 内边的数量;$H_s = \{h_s^1, h_s^2, \cdots, h_s^i, \cdots, h_s^{n_s}\}$ 表示 D_s 内各节点初始点权集合,其中 $h_s^i = \sum_{w_s^f \in K_s^i} w_s^f$,$K_s^i$ 表示与节点 d_s^i 相连的边的边权集合。

7.1.3 城市群加权客运复合交通网络模型的构建

基于 7.1.1 和 7.1.2 所述,根据具体城市群内交通设施情况,通过复合节点、复合边将该城市群内所有的交通子网进行叠加,构建城市群客运复合交通网络模型,记作 $F(D, B, W, H)$,其中,D 表示城市群客运复合交通网络所有普通节点和复合节点的集合,B 表示城市群客运复合交通网络中所有普通边和复合边的集合。

利用子网连边代表通行线路的双向日提供座位数之和作为子网边权。复合边的边权为复合成该边的边的边权之和;交通子网节点的点权为与该节点相连的所有边的边权之和;复合节点的点权为复合成该复合节点的所有交通子网节点点权之和。由此可得到初始边权集合 H,初始点权集合 W。

7.2 蓄意攻击策略下的城市群客运交通网络级联失效模型构建

7.2.1 初始负载与容量

若节点 d^i 未遭到破坏,且未接受额外的负载分配,则该节点在 0 时

刻的负载就等于该节点的权重 h^i，即

$$L^i(0) = h^i \qquad (7\text{-}1)$$

节点 d^i 的容量为 $c^i = T_1 L^i(0)$，T_1 为节点容量系数。

同理，若边 b^{ij} 未遭到破坏且未接受额外的负载分配，则该边在 0 时刻的负载就等于该边的权重 w^h，即

$$L^{ij}(0) = w^h \qquad (7\text{-}2)$$

边 b^{ij} 的容量为 $c^{ij} = T_2 L^{ij}(0)$，T_2 为边容量系数。

为了更贴近现实，将节点容量修正为节点历史日最高聚集人数。

7.2.2 节点状态识别

以 $\Delta L^i(t+1)$ 表示网络受攻击后节点 d^i 在下一时刻向其相邻节点分配的负载量，如式（7-3）所示：

$$\Delta L^i(t+1) = \begin{cases} 0 & L^i(t) \leqslant c^i \\ L^i(t) - c^i & c^i < L^i(t) < \Phi c^i \\ L^i(t) & \phi c^i \leqslant L^i(t) \end{cases} \qquad (7\text{-}3)$$

式中　$L^i(t)$ ——节点 d^i 未受影响前负载；

ϕ ——过载能力调节参数 $(\phi \geqslant 1)$，ϕ 越大则节点失效的概率越小。

该式表示，当节点 d^i 在 t 时刻的负载小于其容量，即 $L^i(t) \leqslant c^i$ 时，节点处于正常状态，下一时刻向其相邻节点分配 0 负载；当负载大于其容量而小于其过载能力，即 $c^i < L^i(t) < \phi c^i$ 时，节点处于暂停状态，下一时刻向其相邻节点分配 $L^i(t) - c^i$ 的负载但不接受新的负载；当负载大于其过载能力，即 $\phi c^i \leqslant L^i(t)$ 时，节点处于失效状态，下一时刻向其相邻节点分配其全部负载 $L^i(t)$，且此后不接受新的负载。

7.2.3 负载分配模型

当网络中节点向与其相连的正常节点分配负载时,考虑到两节点之间连边的剩余容量对负载分配的影响,对剩余容量分配策略进行改进。

节点 d^i 受攻击或级联失效影响,需要向外分配负载时,以 d^i 的一个相邻节点 d^j 为例:

当 $c^{ij} - L^{ij}(t) < c^j - L^j(t)$ 时,j 节点的分配概率 $P_{ij}(t)$ 为:

$$P_{ij}(t) = \frac{c^{ij} - L^{ij}(t)}{\sum_{k \in A} \min[(c^{ik} - L^{ik}(t)),(c^k - L^k(t))]} \quad (7-4)$$

当 $c^{ij} - L^{ij}(t) > c^j - L^j(t)$ 时,j 节点的分配概率 $P_{ij}(t)$ 为:

$$P_{ij}(t) = \frac{c^j - L^j(t)}{\sum_{k \in A} \min[(c^{ik} - L^{ik}(t)),(c^k - L^k(t))]} \quad (7-5)$$

式中　A —— 城市群客运交通网络中与节点 i 连接的所有节点的集合;
　　　k —— A 中的节点。

若 d^i 为失效节点,则

$$\Delta L^j(t+1) = P_{ij}(t) L^i(t) \quad (7-6)$$

若 d^i 为暂停节点,则

$$\Delta L^j(t+1) = P_{ij}(t)(L^i(t) - C^i) \quad (7-7)$$

式中　$\Delta L^j(t+1)$ —— $t+1$ 时刻节点 d^j 接受的 d^i 的负载量。

7.3 蓄意攻击策略下的城市群客运交通网络抗毁性测度指标构建

现实生活中针对交通站点的恶意破坏事件频发,研究城市群客运交通网络面对蓄意攻击表现的抗毁性显得尤为重要,即每次对网络进行攻击时,按照权重大小择优攻击重要节点。而边权相对于点权较小,所以本书的蓄意攻击主要针对节点而言。

在假设 2 的前提下,将城市群客运交通网络抗毁性定义为:当城市群客运交通网络受到攻击或发生故障时,仍能保证其网络效率(性能),满足客运需求,维持一定连通性的能力。基于此,利用网络效率以及加权最大连通子图相对规模作为交通网络抗毁性测度指标。

7.3.1 网络效率

当网络中某些节点不能再接受负载时,网络的运行效率必然受到影响,所以引用网络效率 E 来衡量网络运行效率,即

$$E = \frac{1}{N(N-1)} \sum_{i \neq j} \frac{1}{r_{ij}} \tag{7-8}$$

式中　　E —— 网络效率即网络中两节点之间最短距离倒数之和的平均值;

　　　　N —— 交通网络中的节点数;

　　　　r_{ij} —— 节点 d^i 与 d^j 之间最短路径距离。

如果两节点之间没有任何线路相连,则 $r_{ij}=\infty$,$\frac{1}{r_{ij}}=0$,所以当网络中没有节点相连时,则 $E=0$。E 越大,网络效率越高,越能有效地完成运输任务。

7.3.2 加权最大连通子图相对规模

考虑到交通网络中的每一个节点的权重不相同,使用受到攻击后网络最大连通子图节点点权之和与初始网络所有节点点权之和的比值作为

衡量抗毁性的标准之一。该指标既可以衡量网络连通度，又因为本书加权方式为实际客流，所以还可以衡量客运需求的满足程度。加权最大连通子图的相对规模 S 的表达式如式（7-9）所示。

$$S = \frac{\sum_{i \in D'} h^i}{\sum_{i \in D} h^i} \quad (7\text{-}9)$$

式中 h^i ——节点 d^i 的权重；

D'——交通网络级联失效后最大连通子图内全部节点的集合；

D——初始交通网络内所有节点的集合。

$S \in [0,1]$，当 $S = 1$ 时，网络连通度最大，且能满足全部客运需求。

7.4 蓄意攻击策略下的城市群客运交通网络级联抗毁性仿真方法

Step1：在城市群客运复合交通网络 $F(D,B,W,H)$ 中，按照 7.2.1，7.2.2 对其中的节点和边加载初始负载、容量以及过载能力。

Step2：按照 7.3 所提的蓄意攻击策略对初始城市群客运交通网络进行攻击，删除受攻击节点。

Step3：删除被攻击后失效节点之后，按照 7.2.3 中的负载分配模型确定节点分配概率 $P_{ij}(t)$，将失效节点的负载按照式（7-6）分配给邻居节点。

Step4：更新网络各节点负载 $L^i(t+1)$。根据式（7-3）判断 $t+1$ 时刻节点的状态，计算失效节点集合 D_u^{t+1}、暂停节点集合 D_p^{t+1} 以及正常节点集合 D_n^{t+1}。

Step5：判断级联失效现象是否发生。若 $\left|D_u^t\right| = \left|D_u^{t+1}\right|$，则未发生级联

失效现象，转至Step9；否则转至Step6。

Step6：将级联失效产生的失效节点负载按式（7-6）进行分配，暂停节点按式（7-7）进行分配；

Step7：再次更新网络各节点负载 $L^i(t+2)$。根据式（7-3）判断 $t+2$ 时刻的节点状态，更新失效节点集合 D_u^{t+2}、暂停节点集合 D_p^{t+2} 以及正常节点 D_n^{t+2}。

Step8：判断级联失效现象是否结束。若 $|D_u^{t+1}|=|D_u^{t+2}|$，则级联失效现象结束，转至Step9；否则转至Step6。

Step9：若再次对网络进行蓄意攻击，则转至 Step2；不存在正常节点或不再攻击，则转至 Step10。

Step10：根据式（7-8）和（7-9）计算攻击结束后的客运交通网络抗毁性。

Step11：攻击结束。

7.5 蓄意攻击策略下的城市群客运交通网络级联抗毁性实例仿真

7.5.1 复合交通网络模型的构建

以呼包鄂城市群客运交通网络为实例进行仿真分析，由于呼包鄂城市群内几乎没有水路运输，且航空运输所占城市群运输比率较小，所以仅构建道路交通子网 F_1 与轨道交通子网 F_2。其中，$|D_1|=177$，$|B_1|=296$，$|D_2|=24$，$|B_2|=34$。将道路交通子网 F_1 与轨道交通子网 F_2 进行复合，构建城市群客运复合交通网络，其中包括 5 个复合节点，如表 7-1 所示，$|D|=196$。

表 7-1 复合节点

普通节点	交通网络类型	复合节点	旅客换乘步行时间/min
呼和浩特长途汽车站客运西站	道路交通网	呼和浩特长途汽车站—客运西站—火车站	5
呼和浩特火车站	轨道交通网		
鄂尔多斯汽车站	道路交通网	鄂尔多斯汽车站—火车站	8
鄂尔多斯火车站	轨道交通网		
达拉特旗汽车站	道路交通网	达拉特旗汽车站—火车站	6
达拉特旗火车站	轨道交通网		
察素齐汽车站	道路交通网	察素齐汽车站—火车站	3
察素齐火车站	轨道交通网		
包头长途客运总站	道路交通网	包头长途客运总站—火车东站	8
包头火车东站	轨道交通网		

构建完成的城市群客运交通网络模型如图 7-1 所示。

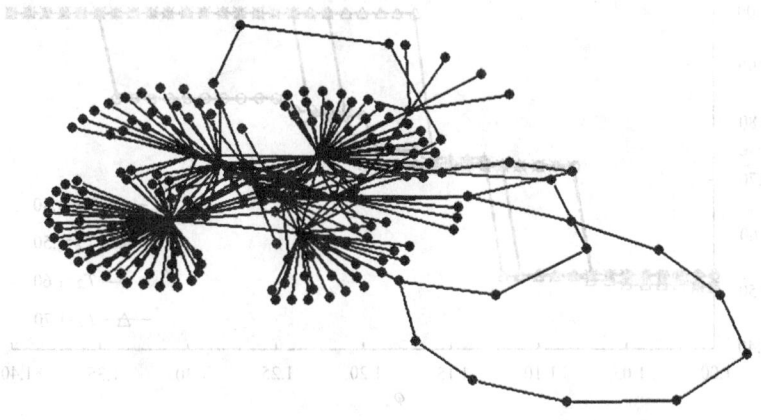

图 7-1 呼包鄂城市群客运交通网络模型

7.5.2 蓄意攻击策略

按照 7.3 所提的攻击策略对网络进行攻击。第一次攻击时，通过调查，节点呼和浩特长途汽车站—客运西站—火车站的权重最大，所以首先对其进行攻击使之失效，按照 7.4 所提过程进行仿真。利用站点日最高聚集人数对网络中节点容量进行修正，得到节点容量系数 T_1 为 1.4 左右，而现实生活中由于军事等需要，连边的容量系数往往稍大于节点数，而不是等于节点数，所以在接下来的仿真中连边容量系数取 1.4~1.8，这样仿真更符合实际。而节点的过载能力也不会太大，所以假设节点的过载能力调节参数为 1~1.4。

7.5.3 过载能力调节参数对网络级联抗毁性的影响

为研究过载能力调节参数对网络抗毁性的影响，先对复合交通网络进行一次攻击，并固定 T_2=1.4、1.5、1.6、1.7，分别计算加权最大网络连通子图相对规模，如图 7-2 所示。

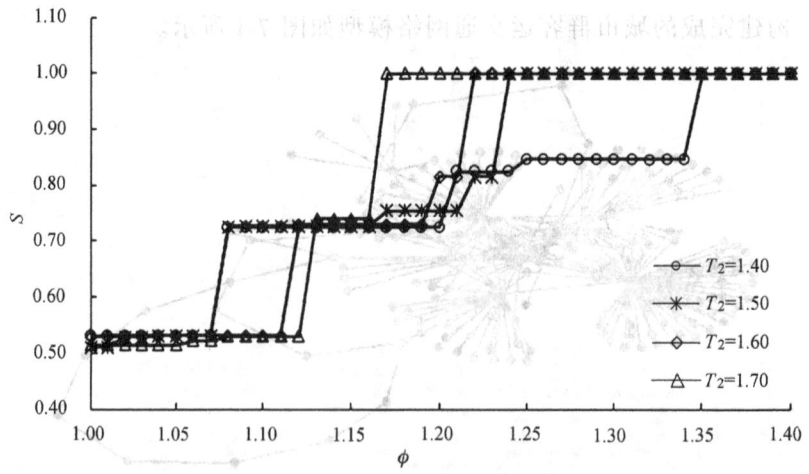

图 7-2　T_2=1.4、1.5、1.6、1.7 时加权最大网络连通子图相对规模随过载能力调节参数的变化

由图 7-2 可以看出，随着过载能力调节参数的增大，加权最大连通子图相对规模逐渐增大，且结果均存在突变现象以及阈值（如 $T_2=1.4$ 时阈值为 $\phi=1.34$），并不一定是过载能力调节参数越大，加权最大网络连通子图相对规模就越大。

接下来固定 $T_2=1.4$，研究不同过载能力调节参数对加权最大连通子图相对规模的影响，得到如图 7-3 所示结果。

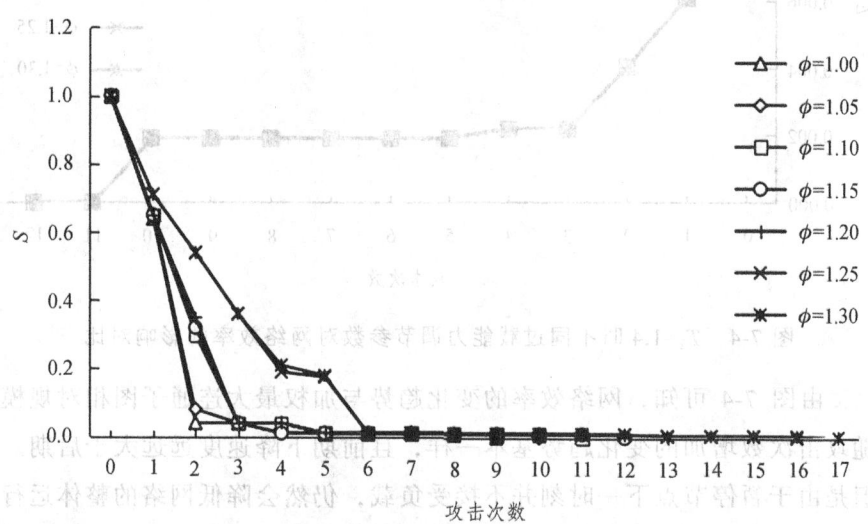

图 7-3　$T_2=1.4$ 时不同过载能力调节参数对加权最大连通子图相对规模的影响对比

由图 7-3 可知，蓄意攻击对于城市群客运交通网络是致命的，仅仅两到三次攻击就使加权最大连通子图相对规模下降 90%以上，如当 $\phi=1$ 时，两次攻击之后 S 由 1 下降到 0.04；当 $\phi=1.15$ 时，三次攻击之后 S 下降到 0.05。且攻击初期的加权最大连通子图的相对规模下降迅速，后期较缓慢，不同的过载能力调节参数下加权最大连通子图相对规模变化趋势相似。相同攻击次数下过载能力调节参数越大，加权最大连通子图相对规模越大。

之后，继续固定 $T_2=1.4$，研究不同过载能力调节参数对网络效率的影响，得到如图 7-4 所示结果。

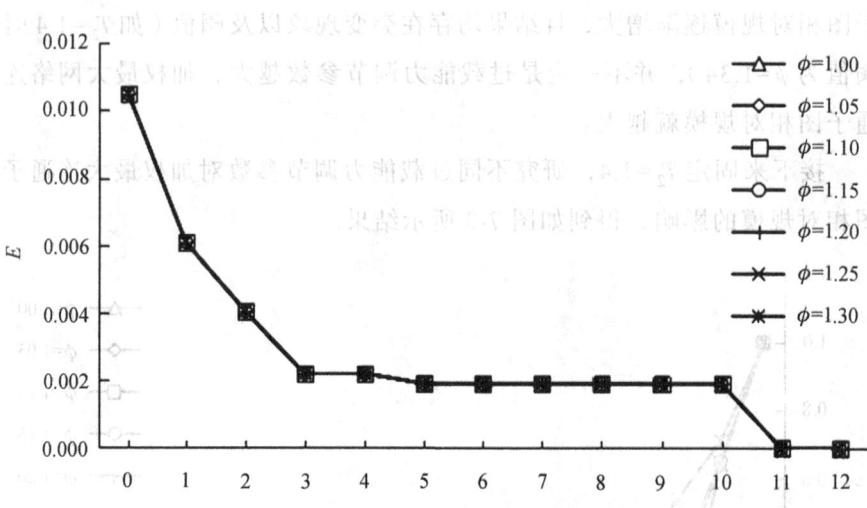

图 7-4　$T_2=1.4$ 时不同过载能力调节参数对网络效率的影响对比

由图 7-4 可知，网络效率的变化趋势与加权最大连通子图相对规模随攻击次数增加的变化趋势基本一样，且前期下降速度远远大于后期。但是由于暂停节点下一时刻并不接受负载，仍然会降低网络的整体运行效率，所以过载能力调节参数的变化并不会影响客运交通网络的运行效率。

7.5.4　连边容量系数对网络级联抗毁性的影响

为研究连边容量系数对加权最大连通子图的影响，在第一次攻击中固定 $\phi=1.15$、1.20、1.25、1.30，分别计算不同连边容量系数下的加权网络最大连通子图相对规模，如图 7-5 所示。之后研究图 7-2 所示的只受到一次攻击不同的连边容量系数下，加权最大连通子图相对规模随过载能力调节参数的变化趋势。

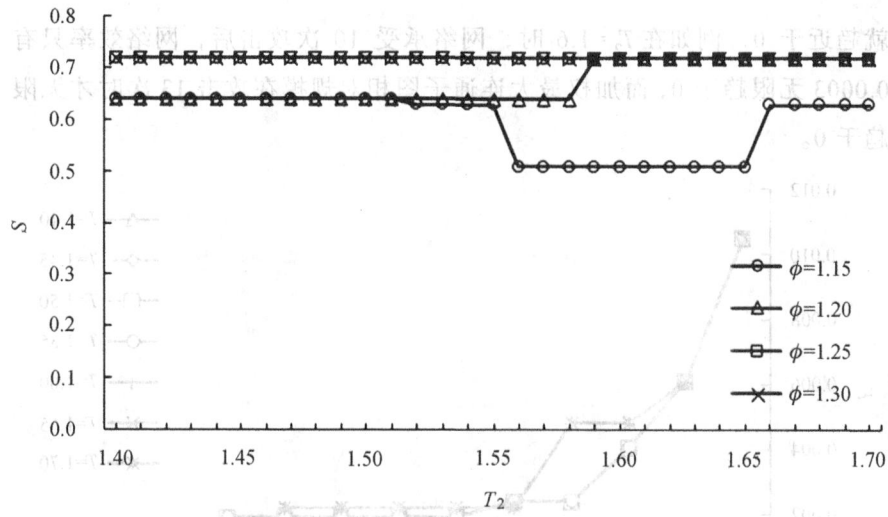

图 7-5 加权最大连通子图相对规模随连边容量系数的变化

由图 7-2 与图 7-5 的仿真结果可以看出,随着连边容量系数的增加,加权最大连通子图的相对规模变化不大,并非连边容量系数越大加权最大连通子图相对规模就越大。尽管如此,较大的连边容量系数会使过载能力调节参数的阈值更小,所以连边容量系数增大并不会使受攻击后加权最大连通子图相对规模受到明显影响,但会使其对过载能力的变化更加敏感。

接下来,固定 $\phi=1.2$ 研究不同连边容量下网络效率以及加权最大网络连通子图相对规模的变化。

由图 7-6 和图 7-7 可知,连边容量系数对于网络效率的影响并不明显,不同的边容量系数下,网络效率的值以及变化趋势有可能一样。在 $T_2=1.40$、1.45、1.50 时,网络承受 10 次攻击,加权最大连通子图相对规模就等于 0;随着连边容量系数增加,网络可以在失效前承受更多次的攻击,在 $T_2=1.65$、1.7 时,网络承受 14 次攻击,加权最大连通子图相对规模才会为 0。且相较于加权最大连通子图相对规模,网络效率对攻击更为敏感,也更为脆弱,相同的连边容量系数下在较少的攻击次数时就趋近于 0，例如在 $T_2=1.6$ 时，网络承受 10 次攻击后，网络效率只有 0.0003 无限趋于 0，而加权最大连通子图相对规模在攻击 13 次时才无限趋于 0。

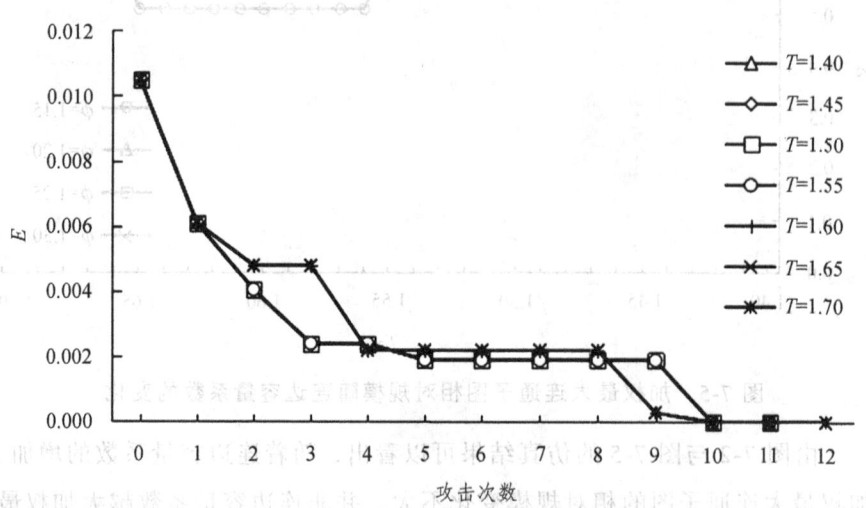

图 7-6　$\phi=1.2$ 时不同连边容量系数对网络效率的影响对比

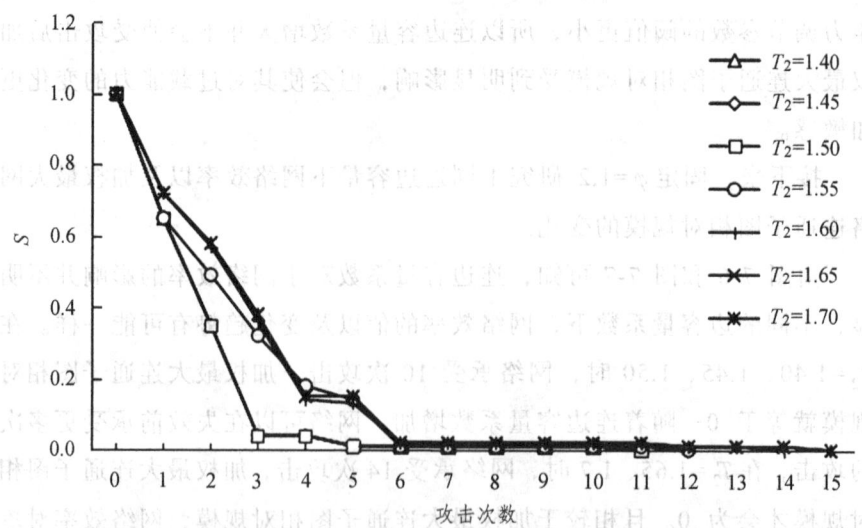

图 7-7　$\phi=1.2$ 时不同连边容量系数对加权最大连通子图相对规模的影响对比

7.6 本章小结

为研究城市群客运交通系统对蓄意破坏的抵抗能力,本章以复合交通网络模型研究城市群客运交通网络级联抗毁性。首先,构建城市群客运复合交通网络模型,并用实际客流进行加权。其次,采用改进的剩余容量分配策略,构建复合交通网络级联失效模型。再次,提出了网络效率和加权最大连通子图相对规模两个指标的网络抗毁性评估标准。最后,采用蓄意攻击策略,以呼包鄂城市群为实例进行仿真。研究结论如下:

(1)蓄意攻击对于城市群客运交通网络抗毁性是致命的。

(2)过载能力的存在使大量失效节点变为暂停节点,且过载能力调节参数越大,网络连通性越强,而网络效率却与过载调节能力关系不大。所以,暂停节点的存在可以增加受攻击之后网络的连通性,但是网络运行效率却不会因此而改善。

(3)相较于连通性,城市群客运交通网络的网络效率对破坏更加敏感。

本章的主要贡献在于,在蓄意攻击策略下,构建了针对城市群交通网络的级联失效模型、抗毁性测度指标,用城市群交通网络实际客流数据进行仿真,考察了过载能力参数和连边容量系数对城市群交通网络抗毁性能的影响,基于对网络连通最大子图和网络效率指标对城市群交通网络的连通性和网络效率进行了探究。

PART EIGHT

第 8 章 不完全信息攻击策略下城市群客运交通网络级联抗毁性仿真

8.1 城市群客运交通网络模型构建

本章沿用复合的概念构建城市群交通网络模型,首先,分别构建城市群不同运输方式交通子网络,然后,将城市群内不同运输方式距离较近的站点进行合并,即对于距离较近的站点,在复合网络中将其视为一个节点,通过此复合节点来实现客流在不同运输方式网络之间的流动,且其权重为合并节点权重之和,其邻居节点集合为合并节点在各自运输方式子网络中的邻居节点集合之合集。需要注意的是,由于城市群地域范围广阔,因此距离较近的站点往往存在于某一城市内部,因此我们通过 GIS 技术获得城市群内各城市内部各站点之间的距离,并规定旅客通过步行或市内公交系统能够在 20 min 内换乘的站点为距离较近的站点,将此部分站点合并成为复合节点。

基于以上分析,本章考虑城市群交通网络的现实特性,对合并后的复合网络做出如下假设。

假设 1:不考虑交通网络的方向性。若某一节点可以到达另一节点,则假设另一节点也可返回该节点,且在两个方向上的交通流量大致相同,即城市群交通网络是无向网络。

假设 2:城市群交通网络任意两站点间的客流在一定时间内保持不变。

假设 3:若旅客在相连站点之间的换乘时间较短,则将其进行合并,合并后的节点称为复合节点。用 V' 表示所有待合并节点集合，V'' 表示合并后的复合节点集合。

假设 4：若两个节点之间有多条边相连，则将其视为一条边，称为复合边。用 E' 表示所有待合并连边集合，E'' 表示合并后的复合连边集合。

将城市群复合交通网络模型记作 $G(V,E,W,H)$，其中，V 表示城市群交通网络节点的集合，$V = \bigcup_{s=1}^{q} V_s \setminus V' \bigcup V'' = \{v_1, v_2, \cdots, v_i, \cdots, v_n\}$，$V_s$ 为城市群中第 s 个交通子网节点集合，V' 为城市群交通网络中所有待合并节点集合，V'' 为城市群交通网络合并后的复合节点集合，q 为城市群复合交通子网数，n 为城市群复合交通网络中的节点数目；E 表示 V 对应的边集，$E = \bigcup_{s=1}^{q} E_s \setminus E' \bigcup E'' = (e_{ij})_{n \times n}$，$E_s$ 为城市群中第 s 个交通子网连边集合，E' 为城市群合并连边集合，E'' 为城市群复合连边集合，若 $v_i R v_j$，即节点 v_i 与节点 v_j 连通，则 $e_{ij} = 1$，若 $v_i \overline{R} v_j$，即节点 v_i 与节点 v_j 不连通，则 $e_{ij} = 0$；$W = (w_{ij})_{n \times n}$ 表示城市群交通网络连边权重矩阵，其中 w_{ij} 为边 ij 的权重；$H = \{h_1, h_2, \cdots, h_i, \cdots, h_n\}$ 表示城市群交通网络节点权重集合，其中 h_i 为节点 i 的权重。

本章用城市群交通网络的实际客流数据对网络进行加权，将任意连边日旅客最大载运量作为连边边权，任意站点日旅客最大发送量作为节点点权。对于复合边，其相应权重为各交通子网合并连边边权之和；对于复合节点，其相应权重为各交通子网合并节点点权之和。

8.2 不完全信息攻击策略下的城市群客运交通网络级联失效模型构建

8.2.1 级联失效分析

在现实中，当网络某一节点或边因攻击或自然灾害而导致失效，致使网络原有的负载按照某种规则向与其相邻的节点或边进行分配，进而引发新的节点或边发生故障，由此产生的连锁反应称为级联失效。在城市群交通网络中，由于复合节点、复合边将城市群内多个交通子网相连接，某一节点或边发生故障，除了能引起自身交通子网负载重新分配，还会引起与其复合的多个交通子网负载发生变化，这两种情形相互关联，引发城市群复合交通网络整体发生级联失效。

8.2.2 不完全信息攻击策略

既有对复杂网络抗毁性的研究，多采用随机或蓄意的方式对网络中的节点或连边进行攻击，来考察网络的抗毁性能。而在城市群交通网络中，由于网络覆盖范围大，运行距离长，节点、连边所遭遇的情况具有极大的不确定性，比如恐怖袭击的发生，事先恐怖分子对交通网络的节点、连边信息既不可能一无所知，也不可能完全掌握，因而在全局视角下，其攻击目标的选取往往介于随机攻击与蓄意攻击之间，因而随机攻击策略与蓄意攻击策略均不能够很好地描述现实网络中节点遭受攻击的情况。鉴于此，本章采用不完全信息攻击策略对网络进行攻击，即在给定信息的前提下对已知信息的节点集合采取蓄意攻击的策略，对未知信息的节点集合采取随机攻击的策略，以此研究网络的抗毁性能。

定义信息指数(λ, δ)用来描述网络的信息获取程度。将城市群交通网络G中的所有节点按其权重由大到小进行排序，得到序列组$R=\{r_1, r_2, \cdots, r_i, \cdots, r_n\}$，节点$v_i$的序号为$r_i$。定义$\nabla_i$为节点$v_i$的信息获取状态，若$\nabla_i=1$，则节点$v_i$的权重信息已知；反之，若$\nabla_i=0$，则其权重信息未知。考虑到现实中对节点信息的了解往往是片面的，因此$\nabla \in [0,1]$。

信息广度参数$\lambda \in [0,1]$，表示对网络信息的获取范围，其值越大，表明网络中越多的节点信息被攻击者获取。假设网络共有节点N个，则认为网络中λN个节点的信息已知，对此部分节点采用蓄意攻击策略，余

下 $(1-\lambda)N$ 个节点信息未知，采用随机攻击策略。显然 λ 越大，攻击者掌握的网络信息便越全面。信息精度参数 $\delta \in [0,1)$，表示对重要节点信息的获取情况。在此，首先引入节点 v_i 的辅助变量 π_i，如式（8-1）所示：

$$\pi_i = r_i^{\frac{\delta}{1-\delta}} \quad (8\text{-}1)$$

由此，对已知信息节点的确定可描述为一个不等概率抽样问题，节点 v_i 被抽中的概率为 ∇_i，具体如式（8-2）所示：

$$\nabla_i = \frac{\pi_i}{\sum_{i=1}^{N} \pi_i} = \frac{r_i^{\frac{\delta}{1-\delta}}}{\sum_{i=1}^{N} r_i^{\frac{\delta}{1-\delta}}} \quad (8\text{-}2)$$

显然，δ 值越大，权重越大的节点越容易被选中，当 $\delta=0$ 时，$\nabla_i = \frac{1}{N}$，无差别随机获取节点信息；当 δ 趋于 1 时，若 $r_i=1$，则 $\nabla_i=1$，若 $r_i \neq 1$，则 $\nabla_i=0$，即总是优先选中权重最大的节点。

综上，采用不等概率抽样的方法依次确定已知信息节点集合，而后对已知信息节点集合进行蓄意攻击，对未知信息节点集合进行随机攻击，直至网络瘫痪。

8.3 不完全信息攻击策略下的城市群客运交通网络抗毁性测度指标构建

针对城市群交通网络地域范围广、不同节点之间客流差异大的特点，本章对传统抗毁性测度指标（网络受到攻击前后最大连通子图内有效节点个数的比值）进行修正，用网络攻击前后最大连通子图内所有有效节点的负载和之比来作为新的抗毁性测度指标，用 S 表示修正最大连通子图相对规模，如公式（8-3）所示：

$$S = \frac{\sum_{i=1}^{N'} L_i}{\sum_{i=1}^{N} L_i} \tag{8-3}$$

式中 N' ——网络遭受攻击后最大连通子图内的节点数；

N ——未遭受攻击时网络节点数；

L_i ——最大连通子图内第 i 个节点的负载。

网络未受攻击时，修正最大连通子图相对规模为 1，此时网络处于全连通状态。

8.4 不完全信息攻击策略下的城市群客运交通网络级联抗毁性仿真方法

基于改进的容量-负荷模型构建城市群交通网络级联失效模型，具体如下。

Step1：在城市群交通网络中，假设节点 i 的容量为 C_i，则有 $C_i = h_i$，L_i 为节点 i 初始负载，且有 $\tau \times C_i = L_i$，τ 为节点负载因子，$0 \leqslant \tau \leqslant 1$。同理，边 ij 的容量为 C_{ij}，则有 $C_{ij} = w_{ij}$，L_{ij} 为边 ij 初始负载，$\mu \times C_{ij} = L_{ij}$，$\mu$ 为连边负载因子，$0 \leqslant \mu \leqslant 1$。

Step2：不完全信息条件下，选中目标节点 i，并对其进行攻击。

Step3：节点 i 受到攻击后失效，删除节点及其连边，其负荷向相连节点分散。在此，考虑到由于连边冗余能力的不同以及相连节点与失效节点空间距离的远近差异，不同线路对负载的吸引力也将有所差别，基于此，构建考虑距离和连边剩余容量的负载分配模型。为表示连边剩余容量与空间距离对负载分配的影响程度，定义 α 为连边剩余容量权重，β 为空间距离权重，满足 $\alpha + \beta = 1$，则失效节点 i 向其相连节点的负载分配公式如式（8-4）所示：

$$L_j(t+1) = L_j(t) + \left(\alpha \frac{C_{ij} - L_{ij}}{\sum_{j \in \Pi}(C_{ij} - L_{ij})} + \beta \frac{d_{ij}}{\sum_{j \in \Pi} d_{ij}} \right) L_i(t) \quad (8\text{-}4)$$

式中 $L_j(t)$ ——节点 j 在 t 时刻的负载;

C_{ij} ——边 ij 的容量;

L_{ij} ——边 ij 的负载;

d_{ij} ——边 ij 之间的距离;

Π ——节点 i 的相连节点集合。

Step4: 更新网络负载,确定过载节点。依据节点负载与容量的差异,将节点划分为正常、暂停、失效三种状态,如式(8-5)所示:

$$If \begin{cases} L_i < C_i \to normal \\ L_i \geq C_i, rand > p_i \to pause \\ L_i \geq C_i, rand \leq p_i \to failure \end{cases} \quad (8\text{-}5)$$

式中 $rand$ ——0~1 的随机数;

$p_i = \dfrac{L_i - C_i}{C_i}$,为节点 i 的失效概率。

Step5: 判断是否发生级联失效。若网络中存在暂停或失效节点则发生级联失效,转至 Step6;反之则没有发生级联失效,转至 Step7。

Step6: 负载重分配。对于失效节点,根据式(8-4)进行负载重分配,并删除节点及其连边。对于暂停节点,只疏散过量负载,使其恢复正常。对暂停节点 i 的负载分配公式如式(8-6)所示:

$$L_j(t+1) = L_j(t) + \left(\alpha \frac{C_{ij} - L_{ij}}{\sum_{j \in \Pi}(C_{ij} - L_{ij})} + \beta \frac{d_{ij}}{\sum_{j \in \Pi} d_{ij}} \right) \times (L_i(t) - C_i(t)) \quad (8\text{-}6)$$

再转至 Step4。

Step7: 判断攻击是否结束,若网络中节点全部失效,则网络瘫痪,仿真结束,输出抗毁性评价指标;反之若网络节点未完全失效,转至 Step2 进行下一轮攻击。

8.5 不完全信息攻击策略下的城市群客运交通网络级联抗毁性实例仿真

8.5.1 呼包鄂榆城市群交通网络模型构建

基于上述构建的城市群交通网络级联抗毁性模型,本章以呼包鄂榆城市群为例进行仿真实验。呼包鄂榆城市群地处中国西北部内陆地区,大批量客、货流的运转主要通过铁路运输网络进行,同时,道路作为衔接各城、镇、村的主要运输手段,与铁路共同构成了复杂的综合运输网络,由于自然环境的限制,呼包鄂榆城市群内不存在水路运输,且境内仅有三座机场,航空运输网络结构单一,承担客货运比重较小。因此,本章以呼包鄂榆城市群内所有汽车站、火车站为节点,通车线路为连边,分别构建城市群道路交通子网 G_1、轨道交通子网 G_2,其中,道路交通子网节点 $|V_1|=263$,轨道交通子网节点 $|V_2|=40$,道路交通子网连边 $|E_1|=761$,轨道交通子网连边 $|E_2|=164$。进一步地将旅客通过步行或市内公交系统能够在 20 min 内换乘的站点进行合并,形成复合节点,将道路、轨道交通子网络进行叠加复合构建城市群复合交通网络模型,对于复合网络,若两节点之间存在多条连边,则将其合并,形成复合边。其中,合并节点 $|V'|=36$,复合节点 $|V''|=17$,复合交通网络节点 $V=V_1 \cup V_2 \cup V'' \setminus V'$,$|V|=284$,合并连边 $|E'|=104$,复合连边 $|E''|=57$,复合交通网络连边 $E=E_1 \cup E_2 \cup E'' \setminus E'$,$|E|=878$。复合节点如表 8-1 所示,呼包鄂榆城市群交通网络拓扑图如图 8-1 所示。

表 8-1 复合节点

普通节点	交通网络类型	复合节点	旅客换乘时间/min
呼和浩特长途汽车站客运西站	道路交通网	呼和浩特长途汽车站—客运西站—火车站	5
呼和浩特火车站	铁路交通网		
榆林汽车客运总站客运南站	道路交通网	榆林长途客运总站—客运南站—火车站	10
榆林火车站	铁路交通网		
鄂尔多斯汽车站	道路交通网	鄂尔多斯汽车站—火车站	8
鄂尔多斯火车站	铁路交通网		
达拉特旗汽车站	道路交通网	达拉特旗汽车站—火车站	6
达拉特旗火车站	铁路交通网		
察素齐汽车站	道路交通网	察素齐汽车站—火车站	3
察素齐火车站	铁路交通网		
包头长途客运总站	道路交通网	包头长途客运总站—火车东站	8
包头火车东站	铁路交通网		
绥德汽车站	道路交通网	绥德汽车站—火车站	15
绥德火车站	铁路交通网		
东胜汽车站	道路交通网	东胜汽车站—火车站	11
东胜火车站	铁路交通网		
神木汽车客运站	道路交通网	神木汽车站—火车站	13
神木火车站	铁路交通网		
清涧汽车站	道路交通网	清涧汽车站—火车站	3
清涧火车站	铁路交通网		
锦界汽车站	道路交通网	锦界汽车站—火车站	10
锦界火车站	铁路交通网		
米脂汽车站	道路交通网	米脂汽车站—火车站	5
米脂火车站	铁路交通网		

续表

普通节点	交通网络类型	复合节点	旅客换乘时间/min
吴堡汽车站	道路交通网	吴堡汽车站—火车站	14
吴堡火车站	铁路交通网		
定边汽车站	道路交通网	定边汽车站—火车站	15
定边火车站	铁路交通网		
靖边汽车站	道路交通网	靖边汽车站—火车站	13
靖边火车站	铁路交通网		
子洲汽车站	道路交通网	子洲汽车站—火车站	14
子洲火车站	铁路交通网		
府谷汽车站	道路交通网	府谷汽车站—火车站	8
府谷火车站	铁路交通网		

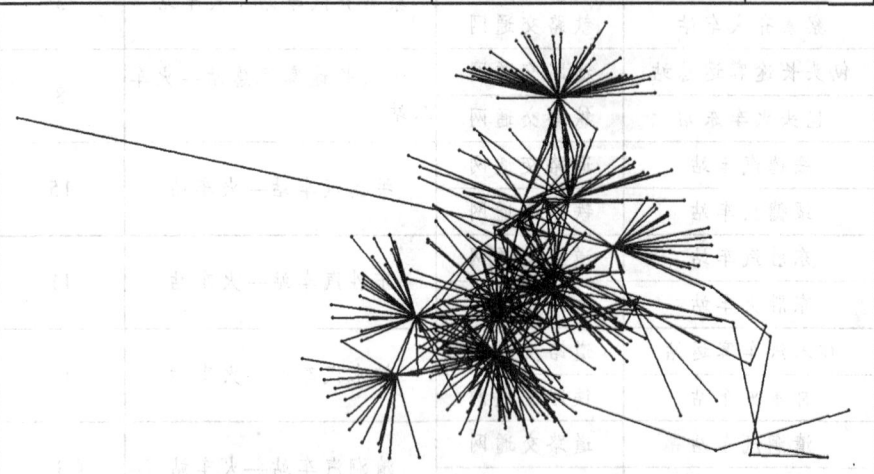

图 8-1 呼包鄂榆城市群道路-轨道复合交通网络拓扑图

基于所建呼包鄂榆城市群交通网络模型，本章通过 GIS 获得呼包鄂榆城市群内各站点之间的距离，并通过内蒙古自治区交通运输管理局、陕西省交通厅运输管理局及各火车站点获得城市群内各站点实际通车状况，通过计算节点、连边日旅客最大发送量，得到初始节点和连边权重，进一步地通过站点日旅客最高聚集人数的查询，对节点权重进行修正，将修正后的结果作为各节点的容量。

8.5.2 不完全信息条件下网络抗毁性仿真

在此，研究不同信息策略对城市群交通网络抗毁性能的影响，即在保持其他参数不变的基础上，分别改变信息广度参数 λ 或信息精度参数 δ 的值，进行仿真并观察网络抗毁性能的变化。因此，分别固定节点、连边负载因子 $\tau = 0.6$、$\mu = 0.6$，连边剩余容量权重 $\alpha = 0.5$，空间距离权重 $\beta = 0.5$，对网络进行仿真。为便于分析，我们连续攻击网络 50 次，观察修正最大连通子图相对规模的变化，仿真结果如图 8-2 所示。

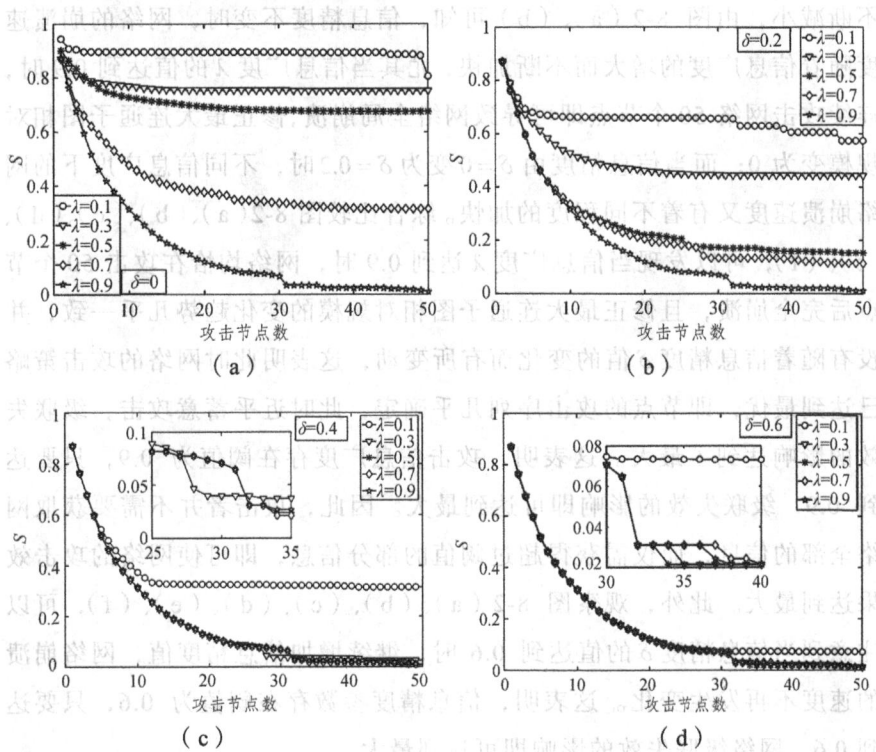

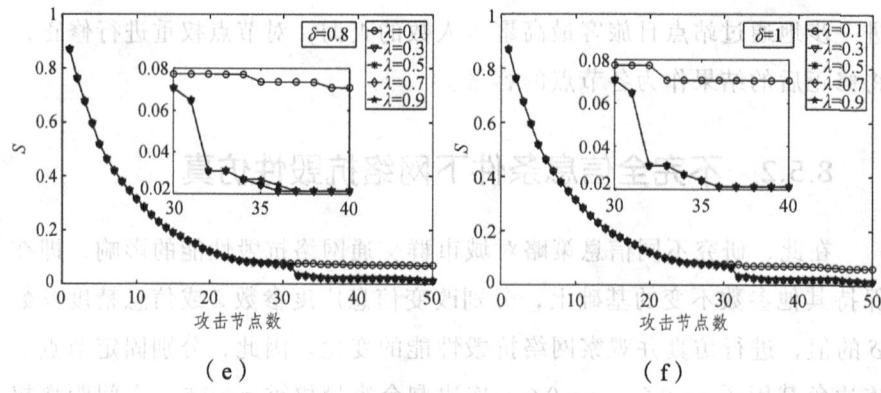

(e)　　　　　　　　　　　　　(f)

图 8-2　不同信息条件下城市群交通网络抗毁性仿真

由图 8-2 可知，随着攻击的进行，网络修正最大连通子图相对规模不断减小，由图 8-2（a）、（b）可知，信息精度不变时，网络的崩溃速度随着信息广度的增大而不断加快，尤其当信息广度 λ 的值达到 0.9 时，连续攻击网络 50 个节点即可导致网络全局崩溃，修正最大连通子图相对规模变为 0；而当信息精度由 $\delta=0$ 变为 $\delta=0.2$ 时，不同信息广度下的网络崩溃速度又有着不同程度的加快。综合比较图 8-2（a）、（b）、（c）、（d）、（e）、（f），可以发现当信息广度 λ 达到 0.9 时，网络均恰在攻击 50 个节点后完全崩溃，且修正最大连通子图相对规模的变化趋势几乎一致，并没有随着信息精度 δ 值的变化而有所变动，这表明此时网络的攻击策略已达到最优，即节点的攻击序列几乎确定，此时近乎蓄意攻击，级联失效的影响达到了最大。这表明，攻击信息广度存在阈值为 0.9，只要达到 0.9，级联失效的影响即可达到最大。因此，攻击者并不需要获取网络全部的信息，而仅需获得超过阈值的部分信息，即可使网络的攻击效果达到最大。此外，观察图 8-2（a）、（b）、（c）、（d）、（e）、（f），可以注意到当信息精度 δ 的值达到 0.6 时，继续增加信息精度值，网络崩溃的速度不再发生变化。这表明，信息精度参数存在阈值为 0.6，只要达到 0.6，网络级联失效的影响即可达到最大。

8.5.3 不完全信息条件下节点负载因子对网络抗毁性影响分析

在此，研究不同信息条件下节点负载因子对网络抗毁性的影响，固定连边负载因子 $\mu=0.6$，连边剩余容量权重 $\alpha=0.5$，空间距离权重 $\beta=0.5$。同时，考虑到信息精度与信息广度对抗毁性变动的影响效果相类，因此我们固定信息精度参数 $\delta=0.2$，均匀增大节点负载因子，观察其在不同信息广度下的网络抗毁性表现。连续攻击网络 50 次，仿真结果如图 8-3 所示。

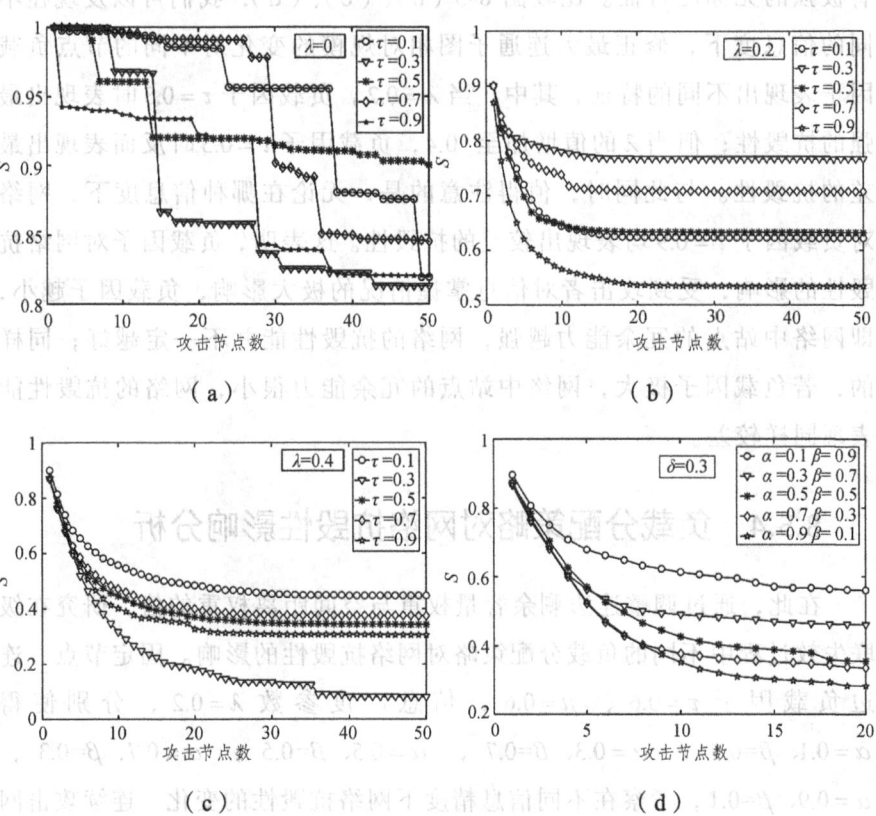

图 8-3　不完全信息下节点负载因子对城市群交通网络抗毁性影响仿真

由图 8-3（a）可知，当信息广度参数 $\lambda=0$ 时，此时攻击者对网络信息的获取程度为 0，即对网络进行全局随机攻击。随着攻击的进行，修正最大连通子图相对规模的变化极不规则，不时出现跳跃式下降，这是因为城市群交通网络地域范围广，覆盖面积大，区域内不同站点的能力差距极大，网络的抗毁性能受到少部分重要节点的极大影响，一旦破坏这些站点，将对城市群交通网络整体的连通能力造成极大影响。此外，综合比较各图，发现网络初期对随机攻击表现出较强的健壮性，而对蓄意攻击表现出脆弱性，这些现象表明城市群交通网络具有极强的无标度特征。比较图 8-3（b）、（c）、（d），我们可以发现在不同的信息度下，修正最大连通子图相对规模的变化对不同的节点负载因子表现出不同的特征，其中，当 $\lambda=0.2$，负载因子 $\tau=0.3$ 时表现出最强的抗毁性；但当 λ 的值增加至 0.4，负载因子 $\tau=0.3$ 时反而表现出最差的抗毁性。与此同时，值得注意的是，无论在哪种信息度下，网络对负载因子 $\tau=0.9$ 均表现出较差的抗毁性。这表明，负载因子对网络抗毁性的影响，受到攻击者对信息掌握情况的极大影响，负载因子越小，即网络中站点的冗余能力越强，网络的抗毁性能并不一定越好；同样的，若负载因子极大，网络中站点的冗余能力很小，网络的抗毁性能表现同样较差。

8.5.4 负载分配策略对网络抗毁性影响分析

在此，通过调整连边剩余容量权重与空间距离权重的值，研究在级联失效过程中不同的负载分配策略对网络抗毁性的影响。固定节点、连边负载因子 $\tau=0.6$、$\mu=0.6$，信息广度参数 $\lambda=0.2$，分别使得 $\alpha=0.1$、$\beta=0.9$，$\alpha=0.3$、$\beta=0.7$，$\alpha=0.5$、$\beta=0.5$，$\alpha=0.7$、$\beta=0.3$，$\alpha=0.9$、$\beta=0.1$，考察在不同信息精度下网络抗毁性的变化。连续攻击网络 20 次，仿真结果如图 8-4 所示。

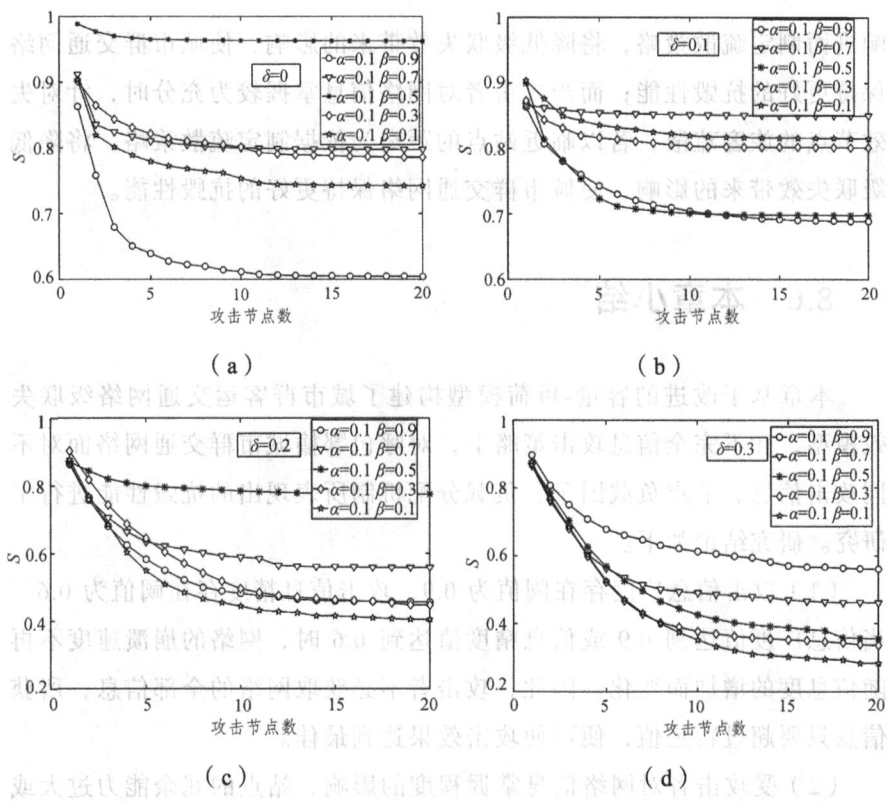

图 8-4 不完全信息下负载分配策略对城市群交通网络抗毁性影响仿真

由图 8-4 可知,在不同信息精度条件下,不同的负载分配策略对网络抗毁性能的影响呈现出不同的特征。由图 8-4(a)、(c)可知,当 $\delta=0$、0.2 时,$\alpha=0.5$、$\beta=0.5$ 的负载分配策略使网络的抗毁性能达到最优,而 $\alpha=0.1$、$\beta=0.9$ 与 $\alpha=0.9$、$\beta=0.1$ 的负载分配策略则表现较差,即空间距离权重与连边剩余容量权重越均衡,网络的抗毁性就越强。由图 8-4(d)可知,当 $\delta=0.3$ 时,网络抗毁性随着负载分配对空间距离权重的偏重而逐渐增强。

由上可知,在城市群交通网络中,当攻击者对网络信息掌握较少时,针对失效节点的旅客疏散,若是均衡考虑线路剩余容量与空间距离的影响进而制定疏散策略，将降低级联失效带来的影响，使城市群交通网络保持更好的抗毁性能；而当攻击者对网络信息掌握较为充分时，针对失效节点的旅客疏散，若以临近站点的距离为依据制定疏散策略，将降低级联失效带来的影响，使城市群交通网络保持更好的抗毁性能。

8.6 本章小结

本章基于改进的容量-负荷模型构建了城市群客运交通网络级联失效模型，在不完全信息攻击策略下，对呼包鄂榆城市群交通网络面对不同攻击信息、节点负载因子、负载分配机制所表现出的抗毁性能进行了研究。研究结论如下。

（1）攻击信息广度存在阈值为 0.9，攻击信息精度存在阈值为 0.6。当信息广度值达到 0.9 或信息精度值达到 0.6 时，网络的崩溃速度不再随信息度的增加而变化。因此，攻击者不必获取网络的全部信息，所获信息只要超过特定值，便可使攻击效果达到最佳。

（2）受攻击者对网络信息掌握程度的影响，站点的冗余能力过大或过小均会降低城市群交通网络的抗毁性能。因此，一味追求站点规模的增大，并不一定有利于城市群交通网络抗毁性的提升。

（3）由于城市群内不同站点能力差距较大，城市群交通网络对随机攻击表现出较强的健壮性，而对蓄意攻击表现出脆弱性，整体呈现出一定的无标度特征，少数关键站点对城市群交通网络的正常运转起决定作用。

（4）攻击者对网络信息的掌握情况不同，不同的负载分配策略对网络抗毁性的影响也不同，因此，为了降低级联失效的影响，提高城市群交通网络的抗毁性能，面对不同类型的攻击者，制定旅客疏散策略时，对各影响因素的看重程度有所不同。

本章的研究成果有助于进一步揭示现实中城市群交通网络的级联失效机理，对城市群交通网络的防护和面对突发情况抗毁性能的提升具有一定的指导意义和参考价值。

PART NINE

第9章 基于不同攻击策略的城市群客运交通网络脆弱性仿真

9.1 城市群客运交通网络模型构建

本章根据城市群内交通基础设施布局现状，采用"站点映射法"分别以不同运输方式的所有站点为网络的节点，连接站点的各条线路为网络的边，构建城市群不同运输方式网络拓扑结构模型，之后对其进行叠加复合。

若叠加过程中两个或者两个以上的汽车站、火车站、机场、港口地理位置较近，可以忽略其地理距离，将它们看作一个站点，即在复合交通网络模型中视为一个节点。由于城市群包含多个城市，交通网络涵盖范围大、运行距离长，因此，站点之间的地理距离一般较远，地理距离较近的站点多集中于城市群中单一城市内部。此时，可通过电子地图获得单一城市内各站点之间的真实地理距离，估算旅客在站点之间换乘的步行时间。若步行时间在可接受范围内，则认为站点间地理距离较近，在复合交通网络中可以将其看作一个节点。其中，步行时间的可接受范围应根据具体的研究对象，考虑站点周边的交通状况、线路结构等实际条件而定。若网络叠加复合后，两个节点之间可以通过多种运输方式线路连接，则在复合交通网络模型中将其视为一条边相连。从而将城市群复合交通网络抽象成无向无权图 $G=(V,E)$，其中，$V=\{v_1,v_2,v_3,...,v_n\}$，表示网络所有节点的集合；$E=\{(v_i,v_j)|v_i,v_j\in V 且 i\neq j\}$，表示边的集合；

v_i、v_j 分别表示网络中的任意两节点；图 $G=(V,E)$ 所对应的邻接矩阵表示为 $A=(a_{ij})_{n\times n}$，其定义式为：

$$a_{ij} = \begin{cases} 1 & (v_i 对 v_j 有某种二元关系，即 v_i 与 v_j 直接相连) \\ 0 & (其他) \end{cases}$$

9.2 城市群客运交通网络拓扑特征指标

目前，已有大量研究表明交通网络属于复杂网络。在此选取节点度、平均路径长度、聚集系数、介数为指标，以分析城市群交通网络的拓扑特征。

（1）节点度。

度是用来刻画复杂网络中一个节点特性的最基本参数。在城市群交通网络中，它表示某个节点 v_i 以边连接着的其他节点的数目，用 k_i 表示节点度：

$$k_i = \sum_{j\in n} a_{ij} \tag{9-1}$$

在城市群交通网络中，一个节点的度值越大，则表明该节点与其他节点连接越多。平均度则是网络中所有节点度值的平均值。

（2）距离与平均路径长度。

距离即连接两节点最短路径上的边数。平均路径长度是网络中任意两节点距离的平均值。若网络中节点数目为 n，网络内任意两节点间的距离为 d_{ij}，用 L 表示网络的平均路径长度为：

$$L = \frac{1}{\frac{1}{2}n(n-1)} \sum_{i>j} d_{ij} \tag{9-2}$$

在城市群交通网络中，平均路径长度表示在城市群中出行一次平均所需经过的站点数，可以反映网络的连通性。该特性统计值越小，说明城市群内站点间的连通越方便，网络整体的连通性越好。

（3）聚集系数。

聚集系数分为局部聚集系数和网络聚集系数，它是用来衡量网络紧密程度的特性指标。若 m_i 表示 v_i 的邻居节点数目，e_i 表示其邻居节点间的实际连边数，用 C_i 表示该节点的聚集系数：

$$C_i = \frac{e_i}{\frac{1}{2}m_i(m_i-1)} \quad (9\text{-}3)$$

网络聚集系数即所有节点聚集系数的平均值。在城市群交通网络中，网络聚集系数的统计值越大，说明网络聚集程度越高，大多数节点的邻居节点间的实际连边较多，某一节点失效对网络的影响较小。

（4）介数。

介数分为点介数和边介数。点介数是网络中任意两节点间的所有最短路径包含该节点的比例。若 σ_{jk} 表示节点 v_j 与节点 v_k 之间的最短路径的数量；$\sigma_{jk}(i)$ 表示节点 v_j 与节点 v_k 之间最短路径经过节点 v_i 的数量，用 B_i 表示节点 v_i 的介数为：

$$B_i = \sum_{j,k \in n, j \neq k} \frac{\sigma_{jk}(i)}{\sigma_{jk}} \quad (9\text{-}4)$$

边介数与点介数定义相似，边介数是指任意两节点间的所有最短路径包含该边的比例。在城市群交通网络中，介数可以直观反映某站点或线路在运输过程中提供最短路径的能力，该特性统计值越大，说明该站点或线路影响力越大。

9.3 城市群客运交通网络脆弱性测度指标构建

城市群复合交通网络受到异常事件影响产生"去点去边"的情况，导致网络失去部分或全部联通能力的性质就是其脆弱性。因此，脆弱性的测度应具有全局整体性。同时，当某一站点发生异常事件而失效时，会使与该站点直接相连的所有线路失效，交通流的多次分流，最终会引起整个城市群复合交通网络连锁拥堵。因此，脆弱性测度应关注失效节点向全网延伸的传导性。基于此，本章选取全网效率作为城市群复合交通网络脆弱性测度指标，通过其变化来确定某一站点或线路失效造成网络性能改变的大小。

（1）节点效率。

在复杂网络理论中，网络中任意两节点 v_i、v_j 之间的效率即它们之间距离 d_{ij} 的倒数，用 ε_{ij} 表示：

$$\varepsilon_{ij} = \frac{1}{d_{ij}} \tag{9-5}$$

节点 v_i、v_j 之间的距离 d_{ij} 越大，它们之间的效率越低，联系越匮乏。当 $d_{ij} = \infty$ 时，$\varepsilon_{ij} = 0$，节点 v_i、v_j 处于非连通状态，它们之间的效率为零。

（2）全网效率。

若网络有 n 个节点，则全网效率是网络所有节点之间效率的平均值。全网效率越高，表明网络连通性越好，节点间的聚集程度越高，信息传递消耗的资源越少，用 E 表示全网效率为：

$$E = \frac{1}{n(n-1)} \sum_{i \neq j} \varepsilon_{ij} = \frac{1}{n(n-1)} \sum_{i \neq j} \frac{1}{d_{ij}} \tag{9-6}$$

令 $\Delta E = E - E'$，其中 ΔE 表示全网效率的变化量，E 表示节点失效前的全网效率，E' 表示节点失效后的全网效率，用 e 表示全网效率相对下降率为：

$$e = \frac{\Delta E}{E} = \frac{E - E'}{E}$$

9.4 城市群客运交通网络攻击策略

城市群复合交通网络由节点和边组成，分别以节点和边为攻击对象，仿真节点和边失效下的城市群复合交通网络脆弱性。采取的攻击策略分别为随机攻击和蓄意攻击：

（1）随机性攻击即每次随机选取网络中的一个节点或边进行攻击，直至所有节点或边被攻击完为止。

（2）蓄意性攻击即每次选择性地对网络中的节点或边进行攻击，直至所有节点或边被攻击完为止。

对于节点而言，本章选取的具体攻击策略为动态度数优先攻击，即首先选取初始网络中度值最大的节点进行攻击，之后重新计算当前网络各节点的度值，再选取网络中度值最大的节点进行攻击，直至网络中所有节点被攻击完为止。对于边而言，选取动态边介数优先攻击策略，按照动态边介数大小依次选取攻击对象，其攻击过程与攻击节点相同。

现对上述攻击策略做出如下假设：

（1）网络中所有的节点和边均无防护措施，一次攻击完成即可令遭受攻击的节点或边失效；

（2）可对网络中任意节点和边进行连续攻击，忽略攻击成本和能力的限制；

（3）仅以网络拓扑结构进行研究。若某条边遭受攻击，则删除该条边；若某一节点遭受攻击，则删除该节点和与其相连的所有边。

9.5 城市群客运交通网络脆弱性实例仿真

9.5.1 复合交通网络模型构建

此处选取呼包鄂城市群为实证研究对象，分别以城市群内所有汽车站和火车站为网络节点，若站点之间通车，则节点间有边相连，从而得到与其对应的邻接矩阵。将矩阵输入 Ucient 软件分别绘制道路交通网络图、轨道交通线路图，如图 9-1 和图 9-2 所示。

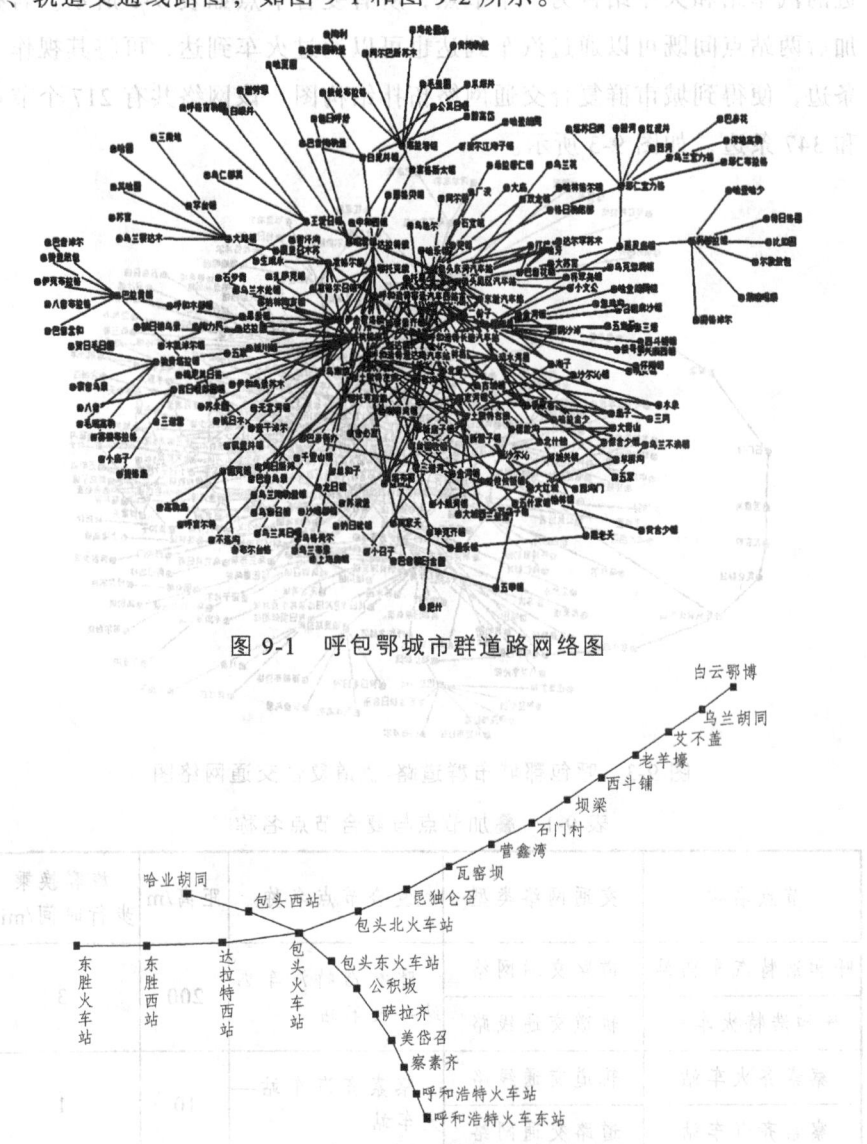

图 9-1 呼包鄂城市群道路网络图

图 9-2 呼包鄂城市群轨道交通线路图

由于呼包鄂城市群位于我国西北部内陆地区，无水路运输且航空运输网络单一，故只将道路网络、轨道线路进行叠加复合。将地理位置较近的汽车站和火车站视为一个节点，所有复合节点如表9-1所示。若叠加后两站点间既可以通过汽车到达也可以通过火车到达，可将其视作一条边，便得到城市群复合交通网络拓扑结构图。该网络共有217个节点和347条边，如图9-3所示。

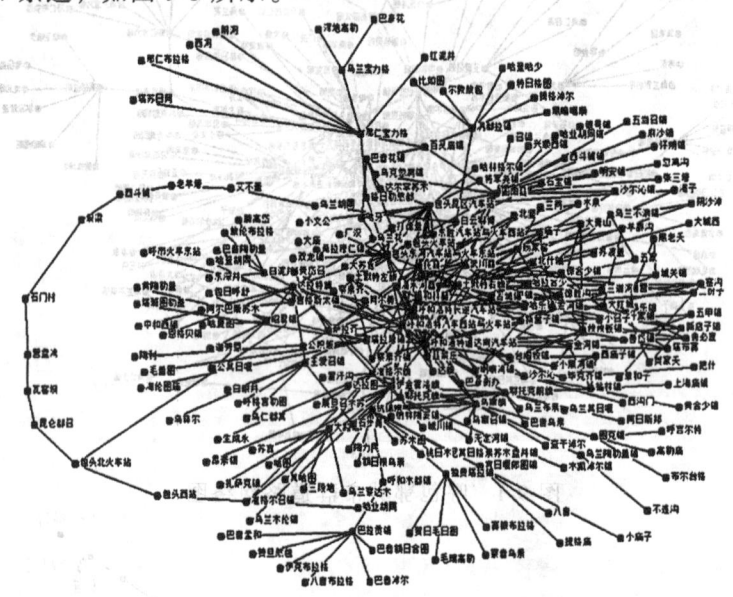

图 9-3 呼包鄂城市群道路-轨道复合交通网络图

表 9-1 叠加节点与复合节点名称

节点名称	交通网络类型	复合节点名称	距离/m	旅客换乘步行时间/min
呼和浩特汽车西站	道路交通网络	呼和浩特汽车西站—火车站	200	3
呼和浩特火车站	轨道交通线路			
察素齐火车站	轨道交通线路	察素齐汽车站—火车站	10	1
察素齐汽车站	道路交通网络			

续表

节点名称	交通网络类型	复合节点名称	距离/m	旅客换乘步行时间/min
包头东河汽车站	道路交通网络	包头东河汽车站—火车东站	730	8
包头火车东站	轨道交通线路			
东胜汽车站	道路交通网络	东胜汽车站—火车西站	800	9
东胜火车西站	轨道交通线路			
达拉特旗汽车站	道路交通网络	达拉特旗汽车站—火车西站	320	5
达拉特旗火车西站	轨道交通线路			

为了分析轨道线路的叠加对节点、边性能的影响，现对城市群复合交通网络中的部分节点、边逐个攻击，并且与其叠加之后的复合节点、边进行特性对比，结果如表9-2、表9-3所示。

表9-2 部分复合节点失效网络特征值变化情况

普通节点（复合节点）	全网效率变化量		全网效率相对下降率		节点介数	
	道路网络	复合网络	道路网络	复合网络	道路网络	复合网络
呼和浩特汽车西站（呼和浩特汽车西站—火车站）	0.0027	0.0021	0.0201	0.0142	8489.26	11512.15
察素齐汽车站（察素齐汽车站—火车站）	0.002	0.0018	0.0151	0.0121	2054.71	2856.12
包头东河汽车站（包头东河汽车站—火车东站）	0.0031	0.002	0.0234	0.0135	2827.25	4014.1

表 9-3 部分复合边失效网络特征值变化情况

普通边（复合边）	全网效率变化量		全网效率相对下降率		边介数	
	道路网络	复合网络	道路网络	复合网络	道路网络	复合网络
呼和浩特汽车西站至察素齐汽车站（呼和浩特汽车西站—火车站至察素齐汽车站—火车站）	0.0005	0.0004	0.0037	0.0027	815.36	800.22
达拉特汽车站至包头东河汽车站（达拉特旗汽车站—火车西站至包头东河汽车站—火车东站）	0.0009	0.0007	0.0067	0.0047	700.56	656.33
东胜汽车站至达拉特汽车站（东胜汽车站—火车西站至达拉特旗汽车站—火车西站）	0.0009	0.0008	0.0067	0.0054	1236.29	963.51

由表 9-2 的仿真结果可看出，如攻击呼和浩特汽车西站，轨道线路的叠加使得全网效率相对下降率由 0.0201 减少到 0.0142，其他节点也呈现出相似的变化规律，表明网络叠加减小了这些节点对网络脆弱性的影响程度。同时，复合后节点的介数都有了不同程度的增大，说明其承受的交通压力增大。对城市群复合交通网络中的部分边进行相似的对比分析，发现对于同样的边而言，失效后对复合交通网络造成的影响更小，同样说明网络的叠加减小了这些边对网络脆弱性的影响程度。因此，加强对复合节点交通流的疏导显得尤为重要。

9.5.2 城市群交通网络拓扑特征对比分析

对呼包鄂城市群交通网络拓扑结构做如下处理：将道路交通网络、

轨道交通线路及复合交通网络拓扑结构对应的邻接矩阵分别输入MATLAB 软件，计算网络的拓扑特征指标，如表 9-4 所示。

表 9-4　呼包鄂城市群交通网络拓扑特征指标的变化

类别	节点数	平均度	平均路径长度	聚集系数
道路交通网络	203	3.6485	3.4418	0.5765
轨道交通线路	24	1.9525	7.8527	0
复合交通网络	217	3.4516	3.868	0.3982

从表 9-4 可以看出，在网络性能方面，复合交通网络的平均度及平均路径长度与道路网络相差无几。复合交通网络明显弥补了轨道线路可达性差的缺陷，通过叠加复合增加了节点的连边数，提高其可达性，同时还集合了轨道运输运量大、安全性高的优势。

道路网络聚集系数较大，说明网络聚集程度较高，大多数节点的邻居节点间实际连边数较多，某一节点失效对网络的影响较小，网络容错性高、脆弱性弱。轨道线路聚集系数为 0，说明连通性较差，容错性低、脆弱性强，因此线路结构十分不稳定，一旦某一节点发生故障将直接失联。而复合交通网络明显弥补了轨道线路脆弱性强的缺陷，通过叠加复合，提高了其连通能力及抵抗突发灾害的能力。因此，复合交通网络是道路、轨道运输方式优势互补的结果，性能明显优于单一运输方式网络。

9.5.3　基于不同攻击策略节点失效下的复合交通网络脆弱性对比分析

根据提出的脆弱性测度指标，利用 MATLAB 仿真随机攻击和蓄意攻击下节点失效的呼包鄂城市群复合交通网络脆弱性，网络初始效率为 0.1488，结果如图 9-4 所示。

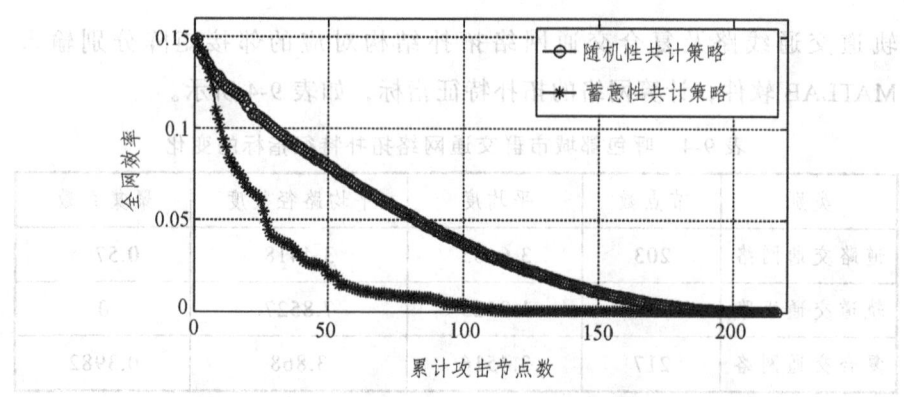

图 9-4 累计攻击节点下的复合交通网络全网效率

从图 9-4 可以明显看出，两种不同攻击策略导致节点失效，全网效率的变化速度差异较大。蓄意攻击网络节点数量累计达 8%时，全网效率下降一半；当累计攻击节点数量达 55%时，网络濒临瘫痪状态。随机攻击网络节点数量累计达 30%时，网络效率才下降一半；当累计攻击节点数量达 90%时，网络才濒临瘫痪状态。由此可见，网络在蓄意性攻击策略下表现得更为脆弱，该种攻击策略更易暴露城市群复合交通网络的脆弱性。原因是其每次的攻击对象都是网络中度值最大的节点，它们的失效会导致剩余节点间的连边减少，任意两节点间的平均路径长度增大，因而具有更强的攻击性。

9.5.4　复合交通网络关键节点识别

为了找出呼包鄂城市群复合交通网络中脆弱性较高的关键节点，采用 MATLAB 对网络中的 217 个节点逐个攻击。首先攻击编号为 1 的节点，分析网络脆弱性测度指标的变化，之后攻击编号为 2 的节点，此时将编号为 1 的节点恢复健全，再次分析测度指标。以此类推，直至攻击完网络中的全部节点，结果如图 9-5、图 9-6 所示。

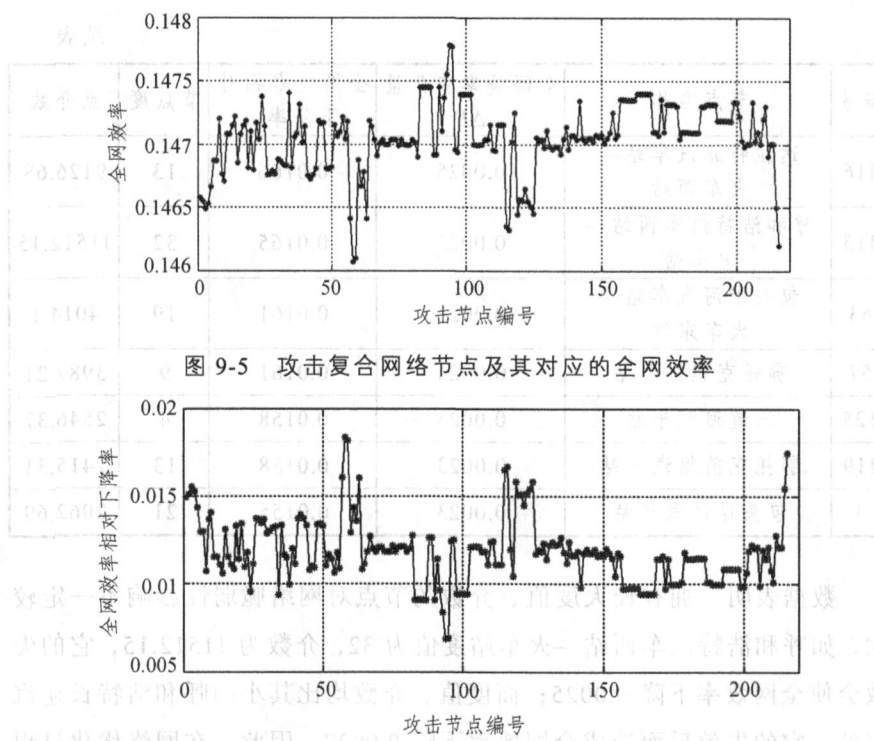

图9-5 攻击复合网络节点及其对应的全网效率

图9-6 攻击复合网络节点及其对应的全网效率相对下降率

从图9-5、图9-6可以明显看出,对于呼包鄂城市群复合交通网络而言,某一节点失效导致全网效率变化较大的节点脆弱性较高,它们的损坏对网络结构造成的伤害较大。这些节点就是关键站点。为了提高网络的可靠性,需重点保护建设这些脆弱性高的站点。表9-5列出了呼包鄂城市群复合交通网络脆弱性较高的10个站点。

表9-5 复合交通网络站点失效后的指标值

编号	节点名称	全网效率变化量 ΔE	全网效率相对下降率 e	节点度	点介数
58	呼和浩特长途汽车站	0.0027	0.0183	25	10872.38
59	呼和浩特通达汽车站	0.0027	0.0182	33	10325.3
217	东胜汽车站—火车西站	0.0026	0.0174	16	9850.14

续表

编号	节点名称	全网效率变化量 ΔE	全网效率相对下降率 e	节点度	点介数
116	达拉特旗汽车站—火车西站	0.0025	0.0166	13	9126.68
115	呼和浩特汽车西站—火车站	0.0025	0.0165	32	11512.15
63	包头东河汽车站—火车东站	0.0024	0.0161	19	4014.1
57	鄂托克旗汽车站	0.0024	0.0161	9	3987.21
125	三道河汽车站	0.0023	0.0158	4	2546.37
119	鄂托克前旗汽车站	0.0023	0.0158	13	2415.31
3	包头昆区汽车站	0.0023	0.0155	21	2062.69

数据表明，拥有较大度值、介数的节点对网络脆弱性影响不一定较大，如呼和浩特汽车西站—火车站度值为32，介数为11512.15，它的失效会使全网效率下降0.0025；而度值、介数均比其小的呼和浩特长途汽车站，它的失效反而造成全网效率下降0.0027。因此，在网络优化过程中不必对所有高度值、高介数的站点进行防护，应根据站点脆弱性的高低程度进行分层管理，重点保护脆弱性较高的站点。

9.5.5 基于不同攻击策略边失效下的复合交通网络脆弱性对比分析

利用MATLAB仿真随机攻击和蓄意攻击下边失效的呼包鄂城市群复合交通网络脆弱性，结果如图9-7所示。

由图9-7可同样看出，两种攻击策略下的全网效率变化速度差异较大。累计攻击相同数量的边，蓄意攻击使全网效率下降更为迅速，网络更快达到瘫痪状态。结合图9-4可知，相同攻击策略下，攻击节点的攻击性要明显强于攻击边。考虑到城市群复合交通网络本身是多种运输方式网络叠加复合的结果，攻击边仅会导致某条线路失效，这时节点间的连通仍可通过其他线路实现，虽然网络的可达性可能会有所下降，但网络的连通能力变化较小，对网络脆弱性的影响便很小。而攻击节点，不仅会直接删除该节点，同时还会将与该节点相连的所有边删除。因此，以节点为攻击对象更易暴露城市群复合交通网络的脆弱性。

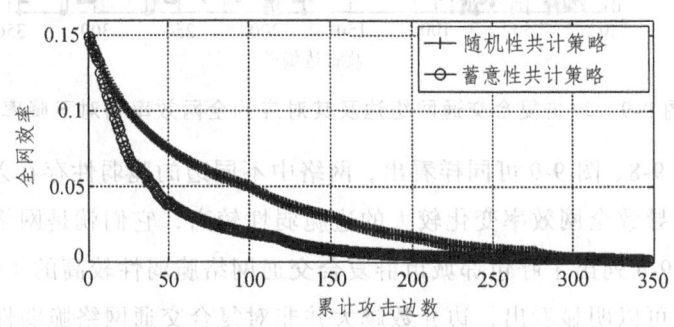

图 9-7　累计攻击边下的复合交通网络全网效率

9.5.6　复合交通网络关键边识别

为了找出呼包鄂城市群复合交通网络中脆弱性较高的关键边，采用 MATLAB 对网络中的 347 条边逐条攻击，结果如图 9-8、图 9-9 所示。

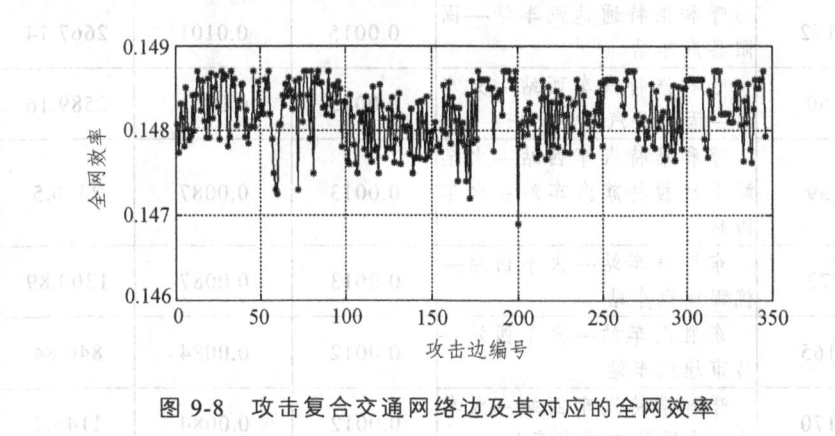

图 9-8　攻击复合交通网络边及其对应的全网效率

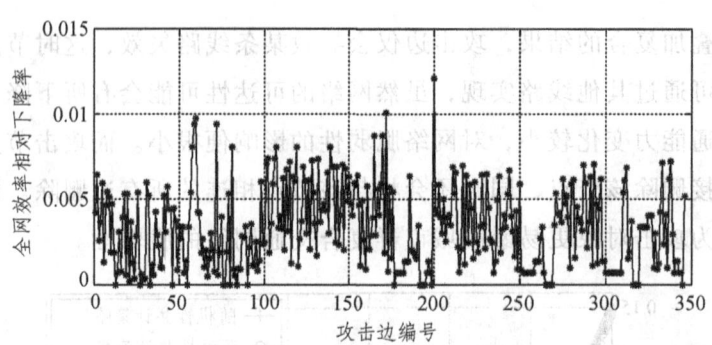

图 9-9 攻击复合交通网络边及其对应的全网效率相对下降率

从图 9-8、图 9-9 可同样看出，网络中不同边的脆弱性存在差异，某条边失效导致全网效率变化较大的边脆弱性较高，它们就是网络中的关键边。表 9-6 列出了呼包鄂城市群复合交通网络脆弱性较高的 10 条关键边，从中可以明显看出，边介数越大并非对复合交通网络脆弱性影响就越大。

表 9-6 复合交通网络边失效后的指标值

编号	边名称	全网效率变化量 ΔE	全网效率相对下降率 e	边介数
200	包头东河汽车站—火车东站—固阳县汽车站	0.0018	0.0121	3201.22
172	呼和浩特通达汽车站—固阳县汽车站	0.0015	0.0101	2667.14
60	呼和浩特汽车西站—火车站—固阳县汽车站	0.0015	0.0101	2589.16
59	呼和浩特汽车西站—火车站至达拉特旗汽车站—火车西站	0.0013	0.0087	2476.5
72	东胜汽车站—火车西站—杭锦旗汽车站	0.0013	0.0087	1200.89
165	东胜汽车站—火车西站—乌审旗汽车站	0.0012	0.0084	840.84
170	呼和浩特汽车西站—火车站—土默特右旗汽车站	0.0012	0.0084	1145.4

续表

编号	边名称	全网效率变化量ΔE	全网效率相对下降率e	边介数
107	包头东河汽车站—火车东站—土默特右旗汽车站	0.0012	0.008	958.14
119	呼和浩特汽车西站—火车站—伊金霍洛旗汽车站	0.0012	0.008	897.16
139	呼和浩特通达汽车站—和林县汽车站	0.0012	0.008	1026.42

通过以上分析，得到了呼包鄂城市群复合交通网络的关键站点和线路，为了保障网络的可靠性，需对其重点防护。减少因自身基础设施折旧老化发生路面断裂、指挥信号设备毁坏等内部故障的概率，同时还应加强自身快速复原能力。倘若遭受不受控制的突发灾害，要在最短时间内协调人力资源、物力资源对其进行修复，防止网络陷入局部瘫痪。同时，对被破坏站点和线路的交通流进行有效疏导，避免交通流无规律分流造成其他路段拥堵，进一步扩大网络失效范围。

9.5.7 实证总结

经过上述实证研究，可以得到如下结论：

（1）通过对呼包鄂城市群交通网络拓扑特征对比分析可知，轨道线路结构单一，通过叠加复合明显弥补了其脆弱性强的缺陷。同时复合交通网络集合了道路运输可达性高、灵活性强及轨道运输安全性高、运输量大的优势，性能明显优于单一运输方式网络。因此，复合交通网络是不同运输方式优势互补的结果，可以有效降低单一运输方式网络的脆弱性。

（2）通过分别仿真节点失效和边失效下复合交通网络面临不同攻击策略表现出的脆弱性，可以明显看出，对于呼包鄂城市群而言，攻击节点的攻击性强于攻击边。同时，不论攻击对象是节点还是边，蓄意攻击更易暴露网络的脆弱性。因此，通过对识别出的关键站点和线路加强防护，可以进一步降低城市群复合交通网络的脆弱性，减小部分站点或线路失效导致其瘫痪的风险。

（3）通过对呼包鄂城市群复合交通网络重要节点与边进行识别，可以发现对于节点而言，其度、介数较大的节点对网络脆弱性影响不一定较大；同样，对于边而言，边介数越大也并非对网络脆弱性的影响就越大。因此，在对站点和线路进行重要性评估时，要综合考虑对网络脆弱性的影响程度，这会更加利于网络的高效运行。

9.6 本章小结

为了提高城市群交通网络抵抗突发灾害的能力，本章以复合这一全新的视角探索城市群交通网络的脆弱性。首先，基于复杂网络理论，对城市群复合交通网络结构进行深入分析，采用站点映射法构建城市群复合交通网络模型。其次，针对城市群复合交通网络结构，确定脆弱性测度指标和攻击策略。最后，以呼包鄂城市群为例进行实证研究，构建道路-轨道复合交通网络模型，对复合交通网络的拓扑特征和脆弱性进行分析，识别路网中的关键站点和线路。结果表明：城市群复合交通网络的构建可以降低单一运输方式交通网络的脆弱性，通过对识别出的关键站点和线路加强防护，可以进一步降低城市群复合交通网络的脆弱性，减小突发灾害造成交通网络瘫痪的风险。

本章的主要贡献在于对城市群复合交通网络结构进行了深入分析并提出其模型构建方法，确定了脆弱性测度指标和具体攻击策略，考察了城市群客运交通网络在不同攻击策略下的脆弱性表现。

PART TEN

第 10 章 城市群客运交通网络级联抗毁性优化研究

10.1 城市群轨道-道路耦合交通网络模型

考虑到城市群交通网络地域范围广、覆盖面积大的特点，本章继续采用"站点映射法"构建城市群交通网络模型，即将城市群内各交通方式的站点视为网络的节点，将连接站点的各条线路视作网络的边，分别构建城市群轨道、道路交通网络模型。之后，将城市群轨道、道路交通网络通过耦合边进行连接，构建城市群轨道-道路耦合交通网络模型。针对城市群交通网络的现实特性，做出如下假设。

假设 1：不考虑交通网络的方向性。若某一节点可以到达另一节点，则假设另一节点也可返回该节点，且在两个方向上的交通流量大致相同，即城市群交通网络是无向网络。

假设 2：城市群交通网络任意两站点间的客流在一定时间内保持不变。

假设 3：对于受到攻击的站点，不考虑对其的修复影响。

10.1.1 城市群轨道交通网络

以城市群内所有火车站为网络节点，任意火车站之间的通车线路为连边，构建城市群轨道交通网络模型，记作 $G_p(V_p, E_p, W_p, H_p)$。其中，V_p 表示城市群轨道交通网络所有节点的集合，$V_p = \{v_1, v_2, \cdots, v_i, \cdots, v_{N_p}\}$，$N_p$ 为城市群轨道交通网络中的节点数目；$E_p = (e_{ij})_{N_p \times N_p}$，表示城市群轨道交通网络中任意两节点通车线路的集合，若 $v_i R v_j$，即节点 v_i 与节点 v_j 连通，则 $e_{ij} = 1$，若 $v_i \bar{R} v_j$，即节点 v_i 与节点 v_j 不通，则 $e_{ij} = 0$；$W_p = (w_{ij})_{N_p \times N_p}$ 表示城市群轨道交通网络连边权重矩阵，其中 w_{ij} 为边 ij 的权重，其值为节点 v_i、v_j 之间日旅客最大载运量；$H_p = \{h_1, h_2, \cdots, h_i, \cdots, h_{N_p}\}$ 表示城市群轨道交通网络节点权重集合，其中 h_i 为节点 v_i 的权重，其值为节点 v_i 所有连边权重之和。

10.1.2 城市群道路交通网络

以城市群内所有汽车站为网络节点，任意汽车站之间的通车线路为连边，构建城市群道路交通网络模型，记作 $G_r(V_r, E_r, W_r, H_r)$。其中，V_r 表示城市群道路交通网络所有节点的集合，$V_r = \{v_1, v_2, \cdots, v_i, \cdots, v_{N_r}\}$，$N_r$ 为城市群道路交通网络中的节点数目；$E_r = (e_{ij})_{N_r \times N_r}$，表示城市群道路交通网络中任意两节点通车线路的集合，若 $v_i R v_j$，即节点 v_i 与节点 v_j 连通，则 $e_{ij} = 1$，若 $v_i \bar{R} v_j$，即节点 v_i 与节点 v_j 不通，则 $e_{ij} = 0$；$W_r = (w_{ij})_{N_r \times N_r}$ 表示城市群道路交通网络连边权重矩阵，其中 w_{ij} 为边 ij 的权重，其值为节点 v_i、v_j 之间日旅客最大载运量；$H_r = \{h_1, h_2, \cdots, h_i, \cdots, h_{N_r}\}$ 表示城市群道路交通网络节点权重集合，其中 h_i 为节点 v_i 的权重，其值为节点 v_i 所有连边权重之和。

10.1.3 城市群轨道-道路耦合交通网络

城市群轨道-道路耦合交通网络由城市群轨道交通网络与道路交通网络通过耦合边相互耦合而成，两个网络通过耦合边进行客流的交换从而实现客流在全网的流通。一般耦合网络往往随机生成耦合边，或是通过度、介数等指标，在两个网络属性相近的节点之间生成耦合边，与之不同的是，由于城市群交通网络自身特有的实体性，受到地理空间的限制，不同交通网络之间的衔接往往限于部分相距较近的节点之间，因此，本章构建城市群轨道-道路耦合网络时,选择两网距离较近的节点,即步行或乘坐公交能够在 20 min 内换乘的节点,在此类节点之间生成耦合边,由此实现客流在两个网络之间的流通。将城市群轨道-道路耦合网络模型记作 $G(G_p, G_r, R_{p-r})$,其中,G_p 为城市群轨道交通网络;G_r 为城市群道路交通网络;R_{p-r} 为两个网络的耦合关系。$R_{p-r}=(V_{p-r}, E_{p-r}, W_{p-r})$,其中,$V_{p-r}=\{v_1, v_2, \cdots, v_i, \cdots, v_{N_{p-r}}\}$,表示两个网络中的关联节点集合,$N_{p-r}$ 为网络关联节点数;$E_{p-r}=(e_{ij})_{N_{p-r} \times N_{p-r}}$,表示关联节点之间的耦合关系,若节点 v_i 与 v_j 存在耦合关系,则 $e_{ij}=1$,否则 $e_{ij}=0$;$W_{p-r}=(w_{ij})_{N_{p-r} \times N_{p-r}}$,表示耦合边权重集合,鉴于不同运输方式的运力差异极大,我们综合考虑关联节点的连边权重来确定耦合边的权值,具体如式(10-1)。

$$w_{pr} = \frac{1}{2}\left(\frac{\sum_{j=1}^{n_1} w_{pj}}{n_1} + \frac{\sum_{i=1}^{n_2} w_{ir}}{n_2}\right) \quad (10\text{-}1)$$

式中 w_{pr} ——节点 v_p 与 v_j 的耦合边权值;

w_{pj} ——轨道交通网络中节点 v_p 与 v_j 连边权值;

n_1 ——节点 v_p 连边数目;

w_{ir} ——道路交通网络中节点 v_i 与 v_r 连边权值;

n_2 ——节点 v_r 连边数目。

10.2　城市群轨道-道路耦合交通网络级联失效模型

10.2.1　容量-负荷模型

鉴于火车站与汽车站对旅客容纳能力的差异,我们分别引入轨道网负载因子 α,道路网负载因子 β,对不同网络节点的负载能力做出差异化处理。在城市群轨道交通网络中,假设节点 i 的容量为 C_{pi},权重为 h_{pi},

则有 $C_{pi} = h_{pi}$，L_{pi} 为节点 i 初始负载，且有 $\alpha \times C_{pi} = L_{pi}$，$\alpha$ 为轨道网节点负载因子，$0 \leq \alpha \leq 1$。同理，在城市群道路交通网络中，节点 i 的容量为 C_{ri}，权重为 h_{ri}，则有 $C_{ri} = h_{ri}$，L_{ri} 为节点 i 初始负载，且有 $\beta \times C_{ri} = L_{ri}$，$\beta$ 为道路网节点负载因子，$0 \leq \beta \leq 1$。

考虑到在城市群交通网络中，不同线路的客流均受到发行列车规定载客量的限制，我们引入网络连边负载因子 μ，对轨道、道路两种网络的连边负载能力作一般化处理，即在城市群交通网络中，假设边 ij（这里的边 ij 既可能是轨道或道路内部连边，也可能是耦合边）的容量为 C_{ij}，则有 $C_{ij} = w_{ij}$，L_{ij} 为边 ij 初始负载，且有 $\mu \times C_{ij} = L_{ij}$，$\mu$ 为连边负载因子，$0 \leq \mu \leq 1$。

10.2.2 负载分配模型

根据节点容量与负荷的差异，我们引入失效概率 p_i，定义节点的三种状态，如式（10-2）所示：

$$\text{If} \begin{cases} L_i < C_i & \text{正常} \\ L_i \geq C_i, \ rand > p_i & \text{暂停} \\ L_i \geq C_i, \ rand \leq p_i & \text{失效} \end{cases} \quad (10\text{-}2)$$

式中　$rand$——$0 \sim 1$ 的随机数；

$p_i = \dfrac{L_i - C_i}{C_i}$，为节点 i 的失效概率。

负载疏散时，考虑到对旅客影响最大的两种因素连边冗余能力与相连节点的距离，我们构建基于这两种因素的效应指标 f_{ij}，具体如式（10-3）所示：

$$f_{ij} = \dfrac{\dfrac{C_i - L_i}{d_{ij}}}{\sum\limits_{j \in \varphi} \dfrac{C_{ij} - L_{ij}}{d_{ij}}} \quad (10\text{-}3)$$

式中 φ ——节点 i 的相连节点集合；

C_{ij} ——边 ij 的容量；

L_{ij} ——边 ij 的负载；

d_{ij} ——边 ij 之间的距离。

观察式（10-3）易知，连边冗余能力越大，相连节点距离越小，对负载的吸引力越强。

若节点 i 在 t 时刻失效，则下一时刻，其向相连节点 j 的负载分配公式如式（10-4）所示：

$$L_j(t+1) = L_j(t) + f_{ij} \times L_i(t) \tag{10-4}$$

若节点 i 在 t 时刻暂停，则下一时刻，只向相连节点疏散过量负载，使其恢复正常，其向相连节点 j 的负载分配公式如式（10-5）所示：

$$L_j(t+1) = L_j(t) + f_{ij} \times \left(L_i(t) - C_i(t)\right) \tag{10-5}$$

10.3 城市群客运交通网络攻击策略分析与抗毁性测度指标构建

10.3.1 攻击策略分析

既有对网络抗毁性的研究，大多采用随机或蓄意的攻击策略对网络中的节点或边进行攻击，考察网络的抗毁性能。在城市群交通网络中，由于网络覆盖面积大，地域范围广，不同的节点、连边差异巨大，面对的威胁也各不相同，因此，故障节点在网络中往往随机出现，因此采用随机攻击策略的城市群交通网络抗毁性研究意义重大。

传统的随机攻击策略将网络中的所有节点随机编号，并依照编号逐次攻击，观察网络的抗毁性变化。而在城市群交通网络中，由于不同节点的容量差异巨大，具有很强的无标度特征，因此，若采用随机编号的方式对网络进行攻击，抗毁度指标的变化必然极不均匀，随机误差巨大，难以正确反映城市群交通网络的抗毁性特征。基于此，本章定义一种全新的随机攻击策略，具体算法分为以下三步。

Step1：对网络中的所有节点进行编号，随机选取一个攻击节点。受攻击节点失效之后，按既定的负载分配策略将其负载向网络中疏散，待级联失效结束，记录网络抗毁度值。而后，被攻击节点恢复正常，攻击下一个节点，并记录级联失效结束后的网络抗毁度值。重复以上步骤，攻击网络 n 次。

Step2：将 Step1 中的被攻击节点按抗毁度值由小到大进行排列，选择处于中间位置的节点作为目标攻击节点。

Step3：攻击选中的目标节点使其失效，其负载按既定的分配策略向网络中疏散，删除节点及其连边。

执行 Step1 至 Step3 即可完成对网络的一次随机攻击，若要继续攻击，则对余下有效节点继续执行 Step1 至 Step3。以此循环，直至网络完全崩溃。本章定义的随机攻击策略降低了由于节点选择所带来的随机误差，将更好地发现城市群交通网络面对随机攻击所表现出的抗毁性特征。

10.3.2 抗毁性测度指标

针对城市群交通网络地域范围广、客流差异大的特点，本章对传统抗毁性测度指标进行修正，定义加权最大连通子图相对规模 S，具体如式（10-6）所示：

$$S = \frac{\sum_{i=1}^{N'} L_i}{\sum_{i=1}^{N} L_i} \tag{10-6}$$

式中　N'——网络遭受攻击后最大连通子图内的节点数；

　　　N——未遭受攻击时网络节点数；

L_i——最大连通子图内第 i 个节点的负载。

网络未受攻击时,修正最大连通子图相对规模为 1,此时网络处于全连通状态。

10.4 基于改进 PSO 算法的城市群轨道-道路耦合交通网络容量优化模型

10.4.1 标准 PSO 算法

粒子群算法是一种模拟鸟类觅食行为的全局搜索优化算法,它将鸟类在觅食过程中的位置近似为目标问题的一个潜在解,通过个体之间的信息共享机制,引导种群向最优解方向靠拢,以此实现对目标问题的优化[30]。在标准粒子群算法中,每个粒子都存在位置和速度两个指标,粒子的位置即是解空间待解决优化问题的一个解,而粒子的速度则引导粒子不断改变自身位置。此外,每个粒子都存在一个目标函数,称为粒子的适应度,粒子依据自身适应度值与种群最优适应度值的比较,不断调整自己的位置,力图使自身更靠近最优解。

假设由 N 个粒子组成的种群在一个 D 维解空间,第 i 个粒子的位置 $x_i = (x_{i1}, x_{i2}, \cdots, x_{id})$,速度 $v_i = (v_{i1}, v_{i2}, \cdots, v_{id})$,粒子个体最优解位置 $p_i = (p_{i1}, p_{i2}, \cdots, p_{id})$,种群全局最优解位置 $g_{best} = (g_1, g_2, \cdots, g_d)$,则第 i 个粒子的第 j 个维度在第 $t+1$ 次迭代过程中的速度更新公式如式(10-7)所示,位置更新公式如式(10-8)所示。

$$v_{ij}^{t+1} = \omega v_{ij}^t + c_1 r_1 (p_{ij}^t - x_{ij}^t) + c_2 r_2 (g_{best}^t - x_{ij}^t) \quad (10\text{-}7)$$

$$x_{ij}^{t+1} = x_{ij}^t + v_{ij}^{t+1} \quad (10\text{-}8)$$

式中 v_{ij}^{t+1}——第 i 个粒子的第 j 个维度在第 $t+1$ 次迭代后的速度;

x_{ij}^{t+1}——第 i 个粒子的第 j 个维度在第 $t+1$ 次迭代后的位置;

ω ——惯性权重，表征粒子保持原有搜索速度的能力，ω 值越大，粒子的全局搜索能力越强，但搜索效率较低，ω 值越小，粒子局部搜索能力越强，解的精度越高，但容易陷入局部最优；

c_1 ——学习因子，表征粒子对自身的学习能力；

c_2 ——学习因子，表征粒子对种群的学习能力；

r_1、r_2 ——介于[0,1]之间的随机数；

g_{best}^t ——种群第 t 次迭代时全局最优解在对 j 个维度的位置。

为降低粒子在搜索过程中离开解空间的可能性，通常规定粒子存在一个最大速度 v_{max} 和最小速度 v_{min}，即有 $v_{ij} \in [v_{min}, v_{max}]$。

10.4.2 改进 PSO 算法

（1）基于 logistic 函数的混沌映射。

在标准粒子群算法中，影响算法收敛性的一个重要因素就是粒子群的初始解，即初始种群的选取。初始迭代时，由于难以知道最优解在解空间的哪个区域，因此在标准粒子群算法中，只能用完全随机的方法来确定初始种群的位置，假如初始种群中的粒子均大致分布在全局最优解的附近，那么种群在较少次迭代之后便可收敛于全局最优解；反之，若初始种群的位置选取不当，恰好分布在局部最优解附近，那么种群将在数次迭代之后迅速收敛于局部最优解，由此将对粒子群算法的寻优能力造成极大影响。

综上，鉴于初始解的选取对 PSO 算法寻优能力的影响，本章使用 logistic 函数对初始解进行混沌映射，使得初始种群均匀分布在解空间内，增加粒子靠近全局最优解的概率。首先，将第一个粒子的位置 x'_{1j} 在 0 至 1 范围作随机化处理，之后，粒子的迭代公式如式（10-9）所示：

$$x'_{(i+1)j} = \mu \times x'_{ij} \times (1 - x'_{ij}), 0 < x'_{1j} < 1 \qquad (10-9)$$

式中 μ —— 控制参数，当 $\mu=4$，且 $x'_{1j} \notin \{0, 0.25, 0.5, 0.75\}$ 时，$logistic$ 处于完全混沌，此时粒子在解空间内均匀分布。

最后，将粒子的位置映射至原解的空间，具体如式（10-10）所示：

$$x_{ij} = x_{ij\min} + (x_{ij\max} - x_{ij\min}) \times x'_{ij} \qquad (10\text{-}10)$$

式中 $x_{ij\min}$ —— 第 i 个粒子在第 j 个维度的解的下限；

$x_{ij\max}$ —— 第 i 个粒子在第 j 个维度的解的上限。

至此，可以得到种群中所有粒子的初始位置。

（2）自适应惯性权重的改进。

惯性权重表征粒子保持原有搜索速度的能力，其值直接影响粒子的全局搜索能力与局部寻优能力，一般认为，惯性权重越大，粒子的全局搜索能力越强，但搜索效率较低，惯性权重越小，粒子的局部搜索能力越强，但容易陷入局部最优，因此，能否合理设置惯性权重值将对种群的寻优能力造成极大影响。

基于此，为使 PSO 算法具有更强的寻优能力，我们使惯性权重在初期保持较大的值，随着迭代的进行，逐步减小惯性权重的值，如此，使种群在初期具有更强的全局搜索能力，而在后期具有更强的局部搜索能力，增大种群的收敛速度。由此，建立线性递减的惯性权重表达式，具体如式（10-11）所示：

$$\omega(t) = \omega_{\max} - (\omega_{\max} - \omega_{\min}) \times \frac{t}{T} \qquad (10\text{-}11)$$

式中 $\omega(t)$ —— 第 t 次迭代的惯性权重；

$\omega_{\max}$ —— 惯性权重最大值；

$\omega_{\min}$ —— 惯性权重最小值；

T —— 最大迭代次数。

（3）基于群体相似度的自适应变异算法。

随着迭代次数的持续增加，PSO 算法种群中的每个粒子在最优解的引导下，必然导致粒子之间的适应度变得越来越相似，这使得标准粒子群算法很难对当前搜索到的解进行进一步优化。基于此，本章从粒子的适应度相似度出发，引入变异系数，使相似粒子在一定概率下进行变异，从而增加种群跳出局部最优解的可能，保证算法的全局搜索能力。

部分文献从理论上证明粒子群算法早熟收敛时将聚集于某几个特定位置，并定义了描述粒子群聚集程度的指标群体适应度方差，本章对该指标进行改进，引入指标平均适应度方差σ^2，计算公式如式（10-12）所示：

$$\sigma^2 = \frac{1}{N}\sum_{i=1}^{N}\left(\frac{f_i - f_{avg}}{\max\{|f_i - f_{avg}|\}}\right)^2 \quad (10\text{-}12)$$

式中　N——粒子个数；

　　　f_i——第i个粒子的适应度；

　　　$f_{avg} = \frac{1}{N}\sum_{i=1}^{N}f_i$——种群当前的平均适应度。

平均适应度方差σ^2反映了种群中粒子的聚集程度，σ^2越小，表明种群中粒子的聚集程度越高，$\sigma^2 = 0$时，种群中所有粒子收敛于一至多个特定位置，并拥有完全相同的适应度。

针对粒子群算法的"早熟收敛"，本章在种群收敛至一定程度时对粒子作变异处理，使其尽可能广地在全局范围内进行最优解的搜索，引入变异系数p_m，计算公式如式（10-13）所示：

$$p_m = \begin{cases} x \leftarrow \sigma^2 < \sigma_d^2, f(g_{best}) > f_d \\ 0 \leftarrow others \end{cases} \quad (10\text{-}13)$$

式中　x——粒子的变异概率，$x \in (0,1]$，其值可人为设定；

　　　σ_d^2——临界平均适应度方差；

　　　f_d——理论最优值的下限。

对于满足变异条件的种群，本章采用基于高斯分布的局部变异策略对种群最优值g_{best}进行变异操作，具体如式（10-14）所示：

$$g_{best}^k = g_{best}^k \times (1+0.1\eta) \tag{10-14}$$

式中 g_{best}^k ——全局最优解在第 k 维的取值；

$\eta \sim Gauss(0,1)$。

10.4.3 基于改进 PSO 算法的城市群轨道-道路耦合交通网络容量优化算法流程

本章基于改进的 PSO 算法对城市群轨道-道路耦合交通网络中各节点的容量进行优化，即在限定网络中节点容量变动范围的基础上，研究如何确定容量分配，以提高网络对随机攻击的健壮性。为不失一般性，在此，随机攻击网络 λ 次，待级联失效结束后，计算修正最大连通子图相对规模，并由此确定粒子当前的适应度值，算法流程如下。

Step1：基于城市群轨道-道路耦合网络模型 $G(G_p, G_r, G_{p-r})$，确定轨道网负载因子 α、道路网负载因子 β、连边负载因子 μ，构建城市群轨道-道路耦合网络级联失效模型。

Step2：PSO 算法参数初始化，确定种群规模 N，最大迭代次数 T，惯性权重最大值 $\omega_{\max}$，最小值 $\omega_{\min}$，学习因子 c_1、c_2，粒子最大速度 $v_{\max}$，最小速度 $v_{\min}$，变异概率 x。初始惯性权重值 $\omega(0) = \omega_{\max}$。

Step3：logistic 函数混沌映射，确定种群中各粒子的初始位置 $x_i^0 = (x_{i1}^0, x_{i2}^0, \cdots, x_{id}^0)$，并随机初始化各粒子速度 $v_i^0 = (v_{i1}^0, v_{i2}^0, \cdots, v_{id}^0)$。

Step4：由粒子位置确定网络节点负荷，连续随机攻击网络节点 λ 次，待级联失效结束后，计算修正最大连通子图相对规模，由此确定各粒子当前适应度值 F_i^0，确定粒子个体最大适应度 $F_{p\max}$，个体最优解位置 p_i，比较确定全局最大适应度 $F_{g\max}$，种群最优解位置 g_{best}。

Step5：依式（10-12）计算种群平均适应度方差 σ^2，并生成随机数 $rand$，由式（10-13）判断是否进行变异操作，若变异系数 p_m 不为 0，且有 $p_m \geqslant rand$，则依式（10-14）对种群最优值 g_{best} 进行变异操作，转至 Step6。否则，不做变异操作，直接转至 Step6。

Step6：迭代，依式（10-11）确定当前惯性权重值，并由式（10-7）和式（10-8）更新各粒子的速度、位置，由粒子位置确定网络节点负荷，连续随机攻击网络节点 λ 次，待级联失效稳定后，计算修正最大连通子图相对规模，确定更新后的各粒子适应度值 F_i^1。

Step7：若 $F_i^1 > F_{p\max}$，则将更新后的粒子位置赋给 p_i，若 $F_i^1 \leq F_{p\max}$，则将更新后的粒子位置赋给 g_{best}。

Step8：判断，若种群最优解达到要求，或达到最大迭代次数，输出最优解位置 g_{best}；否则返回 Step5。

10.5 城市群客运交通网络级联抗毁性优化实例仿真

10.5.1 呼包鄂榆城市群轨道-道路耦合交通网络模型构建

基于上述构建的城市群轨道-道路耦合交通网络抗毁性优化模型，本章以呼包鄂榆城市群为例进行仿真实验。呼包鄂榆城市群地处中国西北部内陆地区，大批量客、货流的运转主要通过铁路运输网络进行，同时，道路作为衔接各城、镇、村的主要运输手段，与铁路共同构成了复杂的综合运输网络，由于自然环境的限制，呼包鄂榆城市群内不存在水路运输，且境内仅有三座机场，航空运输网络结构单一，承担客货运比重较小。因此，本章以呼包鄂榆城市群内所有汽车站、火车站为节点，通车线路为连边，分别构建城市群轨道交通网络 G_p、道路交通网络 G_r，其中，轨道交通网络节点 $|V_p|=262$，连边 $|E_p|=761$，道路交通网络节点 $|V_r|=40$，连边 $|E_r|=164$。选取两交通网络距离较近的站点作为耦合节点，

并生成耦合边,由此构建呼包鄂榆城市群轨道-道路耦合交通网络 $G(G_p, G_r, G_{p-r})$,其中,关联节点 $|V_{p-r}|=36$,耦合边 $|E_{p-r}|=19$。关联节点及其耦合关系如表 10-1 所示,呼包鄂榆城市群轨道-道路耦合交通网络拓扑图如图 10-1 所示。

表 10-1 关联节点及其耦合关系

轨道网节点	道路网节点	旅客换乘时间/min	耦合关系	耦合边权值（人/天）
呼和浩特火车西站	呼和浩特长途汽车站	5	耦合	3487
呼和浩特火车西站	客运西站	5	耦合	3584
榆林火车站	客运南站	10	耦合	2880
榆林火车站	榆林汽车客运总站	10	耦合	3753
鄂尔多斯火车站	鄂尔多斯汽车站	8	耦合	3495
达拉特旗火车站	达拉特旗汽车站	6	耦合	2287
察素齐火车站	察素齐汽车站	3	耦合	3575
包头火车东站	包头长途客运总站	8	耦合	3598
绥德火车站	绥德汽车站	15	耦合	4113
东胜火车站	东胜汽车站	11	耦合	4473
神木火车站	神木汽车客运站	13	耦合	1700
清涧火车站	清涧汽车站	3	耦合	4770
锦界火车站	锦界汽车站	10	耦合	1250
米脂火车站	米脂汽车站	5	耦合	2178
吴堡火车站	吴堡汽车站	14	耦合	1597
定边火车站	定边汽车站	15	耦合	4113
靖边火车站	靖边汽车站	13	耦合	3875
子洲火车站	子洲汽车站	14	耦合	3067
府谷火车站	府谷汽车站	8	耦合	350

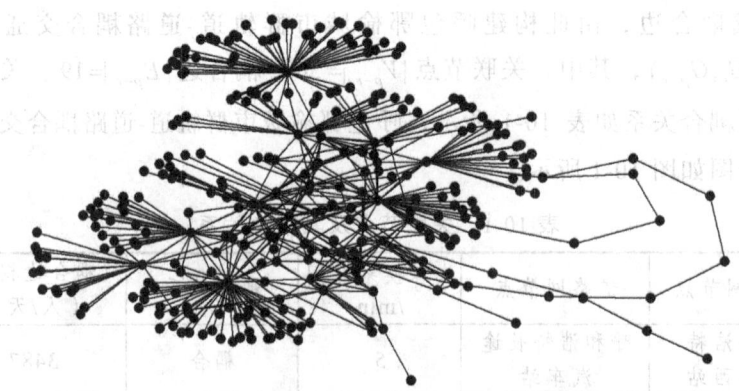

图 10-1 呼包鄂榆城市群轨道-道路耦合交通网络拓扑图

基于所建呼包鄂榆城市群轨道-道路耦合交通网络模型，本章通过 GIS 获得呼包鄂榆城市群内各站点之间的距离，并通过内蒙古自治区交通运输管理局、陕西省交通厅运输管理局及各火车站点获得城市群内各站点实际通车状况，通过计算节点、连边日旅客最大发送量，得到轨道、道路交通网络初始节点、连边权重，在此基础上，依据式（10-1）确定耦合边权重。至此，完成对呼包鄂榆城市群轨道-道路耦合交通网络的加权。

10.5.2 基于 PSO&MPSO 算法的城市群轨道-道路耦合交通网络节点容量优化仿真

本部分以呼包鄂榆城市群轨道-道路耦合交通网络为例，分别用标准粒子群与优化后的粒子群算法对网络节点容量进行优化，对于节点 i，假定优化前其容量为 C_i，则规定优化过程中节点 i 容量为 ξC_i，其中 $\xi \in [0.8,1.2]$。运用粒子群算法对网络节点容量进行优化，设定网络节点负载因子 $\alpha = \beta = 0.8$，连边负载因子 $\mu = 0.8$，粒子群规模 $N = 30$，最大迭代次数 $T = 300$，学习因子 $c_1 = 0.5$、$c_2 = 0.5$，粒子最大速度 $v_{max} = 5$，最小速度 $v_{min} = -5$，标准粒子群惯性权重 $\omega = 0.8$，改进粒子群惯性权重最大值 $\omega_{max} = 1.2$、最小值 $\omega_{min} = 0.8$，临界平均适应度方差 $\sigma_d^2 = 0.1$，变异

概率 $x=0.5$。改进后的粒子群算法记为 MPSO。

进行随机攻击时，对于网络当前的所有有效节点随机攻击网络 500 次，记录各次攻击的抗毁度值，选择抗毁度中值所对应的节点作为该次攻击的目标节点。如此循环，将连续攻击 λ 次后的网络抗毁度作为粒子当前的适应度值。为了全面考察优化算法的特性，本章分别取 $\lambda=10$、$\lambda=100$，运用 PSO、MPSO 算法对网络节点容量进行优化，并对优化后的网络进行随机攻击下的抗毁性仿真，以此检验算法的优化效果。

（1）$\lambda=10$ 时基于 PSO&MPSO 算法的城市群轨道-道路耦合交通网络节点容量优化仿真分析。

将连续随机攻击 10 次后的网络加权最大连通子图相对规模作为粒子的适应度值，MPSO 算法适应度理论最优值下限 $f_d=0.9976$，算法收敛过程如图 10-2（a）所示，优化结果如图 10-2（b）所示。对未优化、PSO 算法优化、MPSO 算法优化三种情况的网络进行随机攻击策略下的抗毁性仿真，采用既定的随机攻击策略，连续攻击节点至网络完全崩溃，网络抗毁度变化如图 10-2（c）所示。

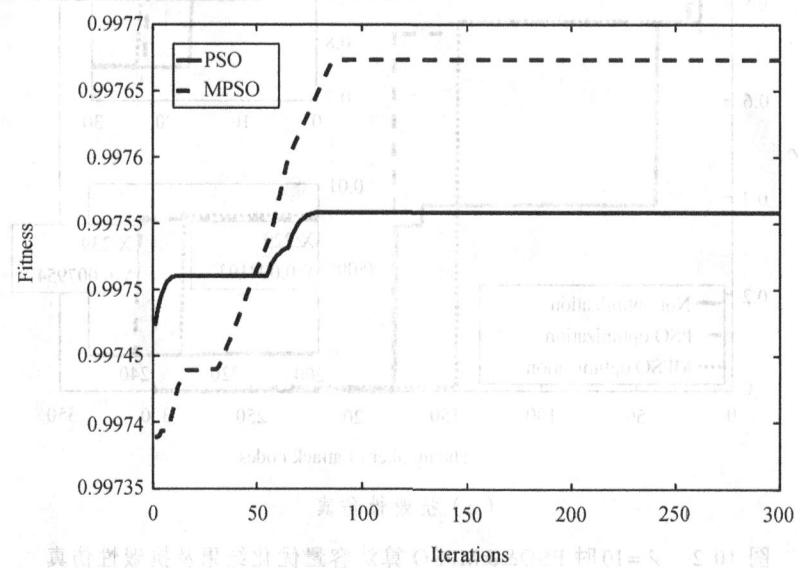

（a）收敛过程

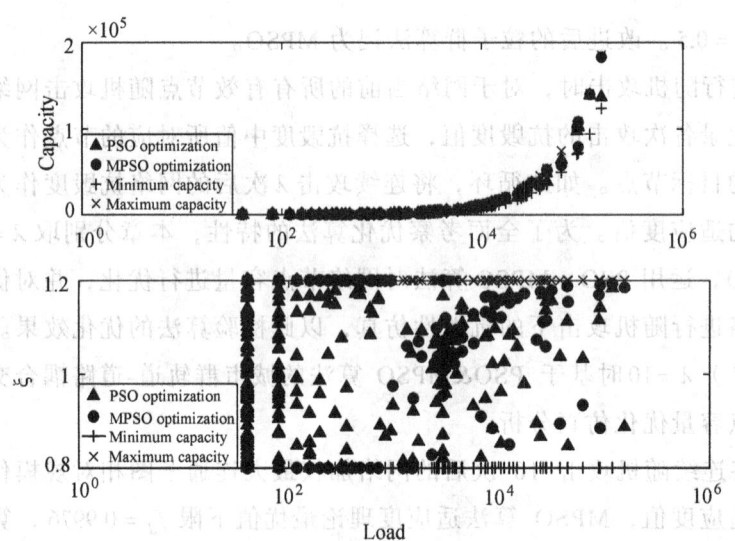

(b) 节点容量优化结果

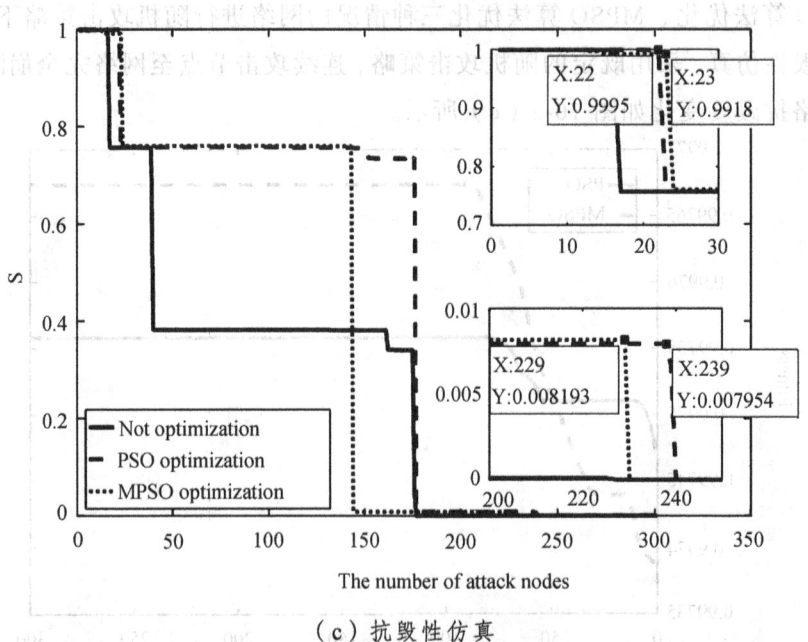

(c) 抗毁性仿真

图 10-2 $\lambda=10$ 时 PSO&&MPSO 算法容量优化结果及抗毁性仿真

如图 10-2（a）所示，随着迭代次数的增加，种群最优适应度不断增大，标准粒子群算法在 70 次迭代之后收敛于最优解 0.997552，改进粒子群算法在 80 次迭代后收敛于最优解 0.997655，相比而言，改进后的粒子群算法能够更加有效地完成对最优解的寻找，收敛精度提高了 0.000103。此外，观察图 10-2（a），可以发现迭代初期改进粒子群算法对最优解的搜索效率更高，种群最优适应度值快速增加。

观察图 10-2（b），我们发现由标准 PSO 算法优化之后的网络，不同负载所对应的节点容量在给定区间内均匀分布，没有表现出较大的区分。而由改进 PSO 算法优化之后的网络，对于负载较小的节点，容量往往趋于极值，即到达给定区间的边界，容量系数 ξ 集中于 0.8 与 1.2 这两个值；当负载增大到一定值，其对应的容量系数则集中于[1,1.2]这个区间内。

如图 10-2（c）所示，随着攻击节点数的增多，网络抗毁度不断下降，优化后的网络抗毁性表现相较于优化前改善显著。采用同种攻击策略，未优化网络在攻击第 17 个节点时出现跳跃性下降，标准 PSO 优化后的网络在攻击第 23 个节点时出现跳跃性下降，改进 PSO 优化后的网络在攻击第 24 个节点时出现跳跃性下降，这表明三种网络对随机攻击的承受能力逐渐增强，采用改进的粒子群算法对网络进行优化，网络抗毁性的提升明显好于标准粒子群的优化效果。

同时，我们发现当攻击节点数超过 100 之后，优化后的网络抗毁性表现仍然强于未优化网络，但由标准 PSO 优化得到的网络抗毁性表现要优于由改进 PSO 优化得到的网络，具体表现有：

① 由改进 PSO 优化后的网络在攻击第 144 个节点时出现第二次跳跃性下降，而标准 PSO 优化后的网络第二次跳跃性下降则发生在攻击第 178 个节点时；

② 标准 PSO 算法优化后的网络在攻击第 239 个节点后全局崩溃，改进 PSO 算法优化后的网络在攻击第 230 个节点后便全局崩溃。

综上，优化后的网络抗毁性表现相较于优化前有了明显的改善，同时，相较于由标准 PSO 优化得到的网络，由改进 PSO 优化得到的网络在攻击前期表现出更好的抗毁性，而在后期的抗毁性表现则不如由标准 PSO 算法优化得到的网络。结合图 10-2(b)，我们认为这是由于改进 PSO 算法使得优化后网络中的大容量节点容量进一步得到增强，由此加强了网络初期对于级联失效的承受能力，而当攻击持续进行时，一旦关键节点受到破坏，网络的崩溃速度便突然加快，符合无标度网络的特征。

（2）$\lambda=100$ 时基于 PSO&MPSO 算法的城市群轨道-道路耦合交通网络节点容量优化仿真分析

将连续随机攻击 100 次后的网络加权最大连通子图相对规模作为粒子的适应度值，MPSO 算法适应度理论最优值下限 $f_d=0.412$，算法收敛过程如图 10-3（a）所示，优化结果如图 10-3（b）所示。对未优化、PSO 算法优化、MPSO 算法优化三种情况的网络进行随机攻击策略下的抗毁性仿真，采用既定的随机攻击策略，连续攻击节点至网络完全崩溃，网络抗毁度变化如图 10-3（c）所示。

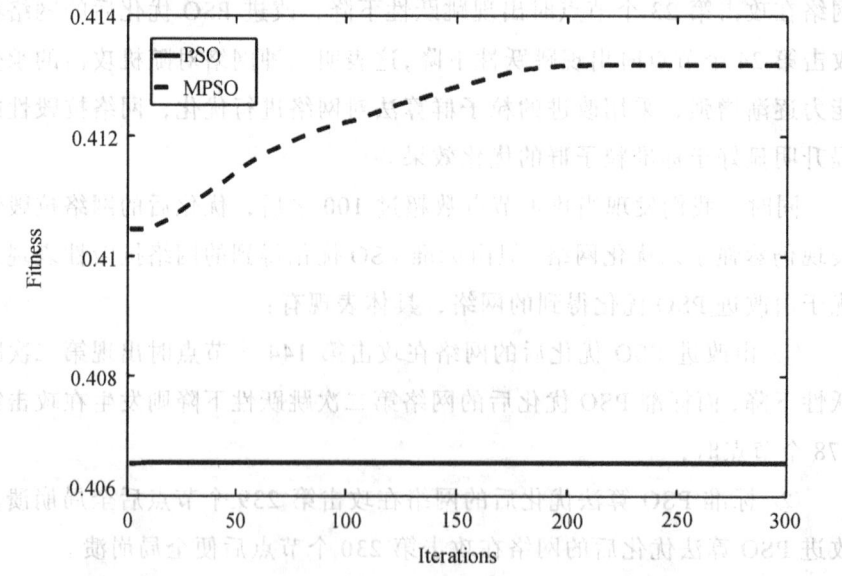

（a）收敛过程

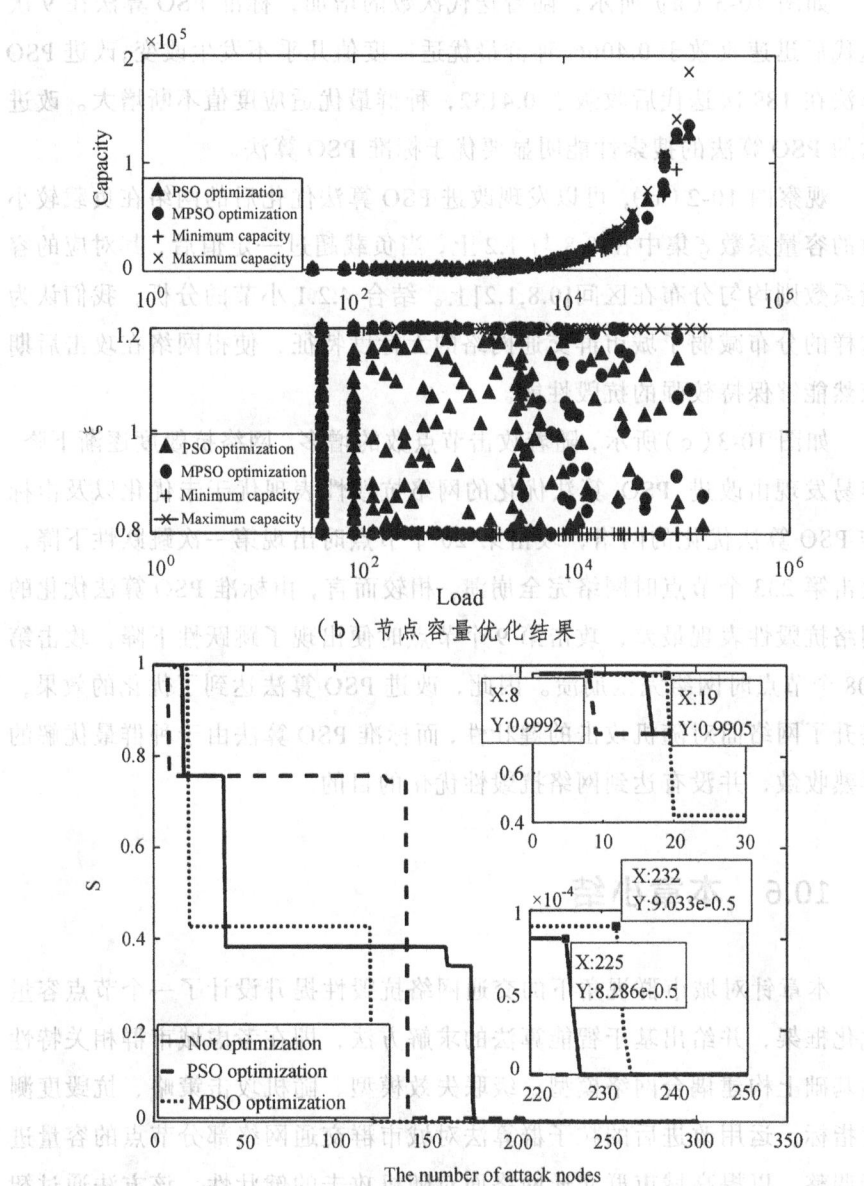

（b）节点容量优化结果

（c）抗毁性仿真

图 10-3 $\lambda=100$ 时 PSO&&MPSO 算法容量优化结果及抗毁性仿真

如图10-3（a）所示，随着迭代次数的增加，标准PSO算法在9次迭代后迅速收敛于0.4066,种群最优适应度值几乎不发生改变;改进PSO算法在189次迭代后收敛于0.4132,种群最优适应度值不断增大。改进后的PSO算法的搜索性能明显要优于标准PSO算法。

观察图10-2（b），可以发现改进PSO算法优化后的网络在负载较小时的容量系数ξ集中在0.8与1.2上，当负载超过一定值后，其对应的容量系数则均匀分布在区间[0.8,1.2]上。结合4.2.1小节的分析，我们认为这样的分布减弱了城市群交通网络的无标度特征，使得网络在攻击后期依然能够保持较强的抗毁性能。

如图10-3（c）所示，随着攻击节点数的增多，网络抗毁度逐渐下降，容易发现由改进PSO算法优化的网络抗毁性表现优于未优化以及由标准PSO算法优化的网络，攻击第20个节点时出现第一次跳跃性下降，攻击第233个节点时网络完全崩溃。相较而言，由标准PSO算法优化的网络抗毁性表现最差，攻击第9个节点时便出现了跳跃性下降，攻击第208个节点时网络完全崩溃。因此，改进PSO算法达到了优化的效果，提升了网络面对随机攻击的健壮性，而标准PSO算法由于种群最优解的早熟收敛，并没有达到网络抗毁性优化的目的。

10.6 本章小结

本章针对城市群视角下的交通网络抗毁性提升设计了一个节点容量优化框架，并给出基于智能算法的求解方法，即在考虑城市群相关特性的基础上构建耦合网络模型、级联失效模型、随机攻击策略、抗毁度测度指标，运用改进后的粒子群算法对城市群交通网络部分节点的容量进行调整，以提高城市群交通网络面对随机攻击的健壮性。该方法通过智能算法的运用，实现了对于城市群交通网络资源的优化重组，对于城市群交通网络的规划与改进具有一定的指导意义，研究结论如下。

（1）基于标准 PSO 的城市群交通网络容量优化算法容易陷入局部最优，且其优化效果受适应度函数的影响，$\lambda=10$ 时表现出较好的优化效果，$\lambda=100$ 时优化效果不明显。

（2）基于改进 PSO 的城市群交通网络容量优化算法克服了标准 PSO 早熟收敛的缺陷，面对不同的适应度函数均表现出了较好的优化效果，相对于优化前，优化后的网络面对随机攻击的健壮性大大增强。

（3）相比于改进前的优化算法，对于 $\lambda=10$ 和 $\lambda=100$ 两种适应度函数，改进优化算法的收敛精度分别提高了 0.000103、0.0066，即在不同适应度函数下，改进后的算法均能够找到具有更强健壮性的城市群交通网络结构。

（4）由于城市群交通网络的无标度特征，若管理者一味对站点进行扩张，可能导致网络在攻击后期更加脆弱。要想在攻击过程中长期获得较好的抗毁性表现，对大容量站点的调整是有必要的。

PART ELEVEN

第 11 章 城市群客运交通网络级联抗毁性修复研究

11.1 城市群客运交通网络模型构建

目前，交通网络的构建方法主要有"道路映射法"和"站点映射法"两种。考虑到城市群网络包含节点众多，边分布随机性大，本书采用"站点映射法"构建城市群客运交通网络。考虑到城市群客运交通网络的实体性，其加权方式必须根据实际交通量确定。将城市群内各种运输方式所有站点作为节点，以站点平均日旅客发送量为节点初始负载，将各节点的初始负载定义为节点点权；连接站点的各线路作为连边，以各连边日期望载客量作为各连边初始负载，即连边边权。构建城市群客运交通网络并做出以下假设：

（1）假设城市群客运交通网络为无向网络。

（2）若多个站点距离在步行可忍受的范围之内，则视为网络中一个节点。新节点的负载量定义为各站点日平均旅客发送量之和。

（3）若节点间有多条边相连，则将其视为一条边相连，且其边权由多条边边权累加所得，数值为各连边的交通初始负载量之和。

至此，可将城市群客运交通网络模型抽象为一个无向图 $G=(V,E,H,W)$，其中，$V=\{v_1,v_2,v_3,\cdots,v_{n_1}\}$，表示城市群客运交通网络模型中所有节点的集合，$n_1$ 表示城市群客运交通网络中节点数量；

$E=\{e_1,e_2,e_3,\cdots,e_{n_2}\}$，表示边的集合，$n_2$表示连边的总数量；$H=\{h_1,h_2,h_3,\cdots,h_{n_1}\}$，代表各节点的点权；$W=\{w_1,w_2,w_3,\cdots,w_{n_1}\}$表示各连边的边权。

11.2 城市群客运交通网络抗毁性修复模型

11.2.1 城市群客运交通网络攻击策略说明

本书将城市群客运交通网络攻击策略分为随机攻击策略、蓄意攻击策略及不完全信息攻击策略。我们设定观测信息的模糊度δ，$\delta\in[0,1]$。随机攻击策略与蓄意攻击策略是δ取1、0的两种极端状态。

11.2.2 城市群客运交通网络修复因子

城市群客运交通网络遭到破坏后，在实际情况下，受财政等方面制约，短期内政府能提供的修复资源有限。这里考虑资金限制。假设修复因子为单位资金，针对节点、连边总修复因子个数分别为n'_1、n'_2，将单位资金修复效果抽象为修复因子修复概率p_g^1、p_g^2。现实中，对城市群遭受破坏站点或主干线路，为其分配的修复资源不可能是无限的。因此，假设对于固定的网络节点或连边最多可以得到$n_{V\max}$、$n_{E\max}$个修复因子，节点或连边的修复概率与其拥有的修复因子个数呈线性关系，如式（11-1）、式（11-2）所示：

$$p_{vi}=n_{vi}\times p_g^1 \quad (11\text{-}1)$$

$$p_{ei}=n_{ei}\times p_g^2 \quad (11\text{-}2)$$

式中　p_{vi}——第i个节点的修复概率；

n_{vi}——第i个节点分配到的修复因子数；

p_{ei} —— 第 i 个连边的修复概率；

n_{ei} —— 第 i 个连边分配到的修复因子数量。

对于某遭受破坏的节点或连边对应最大修复概率，$P_{V\max}$、$P_{E\max}$，如式（11-3）、（11-4）所示。

$$P_{V\max} = n_{V\max} \times p_g^1 \tag{11-3}$$

$$P_{V\max} = n_{E\max} \times p_g^2 \tag{11-4}$$

式中 $n_{V\max}$ —— 节点可以获得最大修复因子数；

$n_{E\max}$ —— 连边可以获得的最大修复因子数。

11.2.3 城市群客运交通网络修复策略

对于复杂网络，修复策略一般分为平均修复、偏好修复、重点修复三种。本书结合城市群交通特色重新构建三种修复策略，探明了三种修复策略的不同主要体现于修复因子分配上。

（1）平均修复：将修复因子平均分配到遭受攻击的网络节点或连边上，对于攻击节点或连边两种攻击策略，每个节点或连边的修复概率计算如式（11-5）、（11-6）所示：

$$p_{V(t)} = \frac{n_1' p_g^1}{V_{t1}} \tag{11-5}$$

$$p_{E(t)} = \frac{n_2' p_g^2}{E_{t2}} \tag{11-6}$$

式中 V_{t1} —— 城市群客运交通网络受攻击节点数 $t1$；

E_{t2} —— 城市群客运交通网络受攻击连边数 $t2$；

$p_{V(t1)}$ —— 受攻击节点数为 $t1$ 的情况下网络节点修复概率；

$p_{E(t2)}$ —— 受攻击连边数为 $t2$ 的情况下网络连边修复概率。

（2）偏好修复：修复因子分配与节点或连边的权重密切相关，各节点与连边的修复概率如公式（11-7）、（11-8）所示：

$$p_{V_{(t1)i}} = \frac{n_1' h_i p_g^1}{\sum_{j=1}^{t1} h_j} \qquad (11\text{-}7)$$

$$p_{E_{(t2)i}} = \frac{n_2' w_i p_g^2}{\sum_{j=1}^{t1} w_j} \qquad (11\text{-}8)$$

式中 $p_{V_{(t1)i}}$ ——城市群客运交通网络受攻击节点数为 $t1$ 情况节点 i 修复概率；

$p_{E_{(t2)i}}$ ——城市群客运交通网络受攻击连边数为 $t2$ 情况连边 i 的修复概率；

h_i、h_j ——节点 i、j 对应点权；

w_i、w_j ——连边 i、j 对应边权。

（3）重点修复：优先满足高权重的节点或连边，使其修复概率达到最大值。将 n_1' 个节点、n_2' 个连边分别按权重大小进行排序，各节点与连边修复概率如公式（11-9）、（11-10）所示：

$$p_{V_{(t1)i}} = \begin{cases} p_{V\max} & i \leqslant \dfrac{n_1' p_g^1}{p_{V\max}} \\ 0 & i > \dfrac{n_1' p_g^1}{p_{V\max}} \end{cases} \qquad (11\text{-}9)$$

$$p_{E_{(t2)i}} = \begin{cases} p_{E\max} & i \leqslant \dfrac{n_2' p_g^2}{p_{V\max}} \\ 0 & i > \dfrac{n_2' p_g^2}{p_{V\max}} \end{cases} \qquad (11\text{-}10)$$

式中 V_i ——排序后城市群客运交通网络中第 i 个节点；

$p_{V_{(t1)i}}$ ——受攻击节点数为 $t1$ 的情况下节点 i 的修复概率；

E_i——排序后城市群客运交通网络中第i个连边；

$p_{E_{(t2)i}}$——城市群客运交通网络受攻击连边数为$t2$的情况下连边i的修复概率。

11.2.4 城市群客运交通网络级联修复效应

首先，本书建立如下的容量-负荷模型，如公式（11-11）、（11-12）所示：

$$C(V_i) = \alpha L(V_i^{initial})^\beta \qquad (11-11)$$

$$C(E_i) = \alpha L(E_i^{initial})^\beta \qquad (11-12)$$

式中 $C(V_i)$、$C(E_i)$——节点i连边i的容量；

$L(V_i^{initial})$、$L(E_i^{initial})$——节点i连边i未受到攻击前的交通负载量；

α、β——调整参数。

当城市群客运交通网络遭到攻击后，发生级联失效效应引发网络中交通负荷量的重新分配。网络节点或连边将出现以下三种状态："正常""失效""暂停"。当某一节点或连边处于"暂停"状态时，意味其交通负载量大于其容量限制。本书将城市群客运交通网络级联修复过程分为以下三个阶段。

（1）未修复前。

城市群客运交通网络未修复之前，遭受攻击的节点或连边以及周围因级联失效反应遭到波及的节点或连边处于崩溃状态，城市群客运交通网络无法正常运转。

（2）修复传播。

城市群交通客运网络中某些节点或连边受到修复后，这些部位由"失效"状态转化为"正常"状态。这些恢复正常的节点或连边会吸引周围处于"暂停"状态的节点或连边的过剩交通流量，每个节点或连边被吸引交通量如公式（11-13）所示：

$$\Delta L_j = |C_i - L_i| \times \frac{L_j - C_j}{\sum_j (L_j - C_j)} \qquad (11\text{-}13)$$

式中　L_i ——吸引节点或连边现有的交通负载量；

　　　C_i ——节点 i 的容量；

　　　L_j ——周围处于暂停状态的邻居节点或连边的交通负载量；

　　　C_j ——连边 j 的容量。

若重新分配后的周围节点或连边交通负荷仍然大于交通容量，则该处仍处于"暂停"状态；若交通负荷小于交通容量，则转化为"正常"状态，并进一步吸纳其周围处于"暂停"状态的节点或连边中交通流，造成新一轮交通负荷分配。

（3）修复结束。

修复传播完成后，网络中交通负载量反复分配后最终达到一个新的平衡，"暂停"节点或连边均转化为"正常"状态，城市群客运交通网络得以重新正常运转，修复结束。

11.2.5　城市群客运交通网络抗毁性修复机制

根据上文分析，将城市群客运交通网络抗毁性修复机制总结如下：

Step1：构建城市群客运交通网络模型，确定网络连边与节点的初始负载量。

Step2：确定攻击策略与攻击方法，若选择不完全信息攻击策略，需确定观测信息的模糊度 δ。

Step3：攻击城市群客运交通网络，并按文献[16]的方法重新分配节点与连边的交通负载量。

Step4：更新攻击次数，判断是否达到预设次数，若是，则进行下一步，否则返回 Step3。

Step5：根据 11.2.2 选择修复策略，分配修复因子，对城市群客运交通网络进行初步修复,若修复成功则恢复原有运力,否则继续处于失效状态。

Step6:选择交通网络某成功修复处 i。

Step7:判断该处是否存处于"暂停状态"的邻居节点或连边。

Step8:若Step7中判断结果为是,则按公式(11-13)向该处转移交通负荷量,否则转至Step 12。

Step9:判断发生负荷量转移的邻居节点或连边的负载量是否小于其容量,若是,转至Step7。

Step10:判断是否历尽所有相邻节点或连边,若全部历尽,则进行下一步,否则返回Step 9。

Step11:更新网络状态。

Step12:判断依据选定的修复策略是否历尽所有预设修复部位,若是,则城市群客运交通网络抗毁性修复机制结束,否则返回Step6。

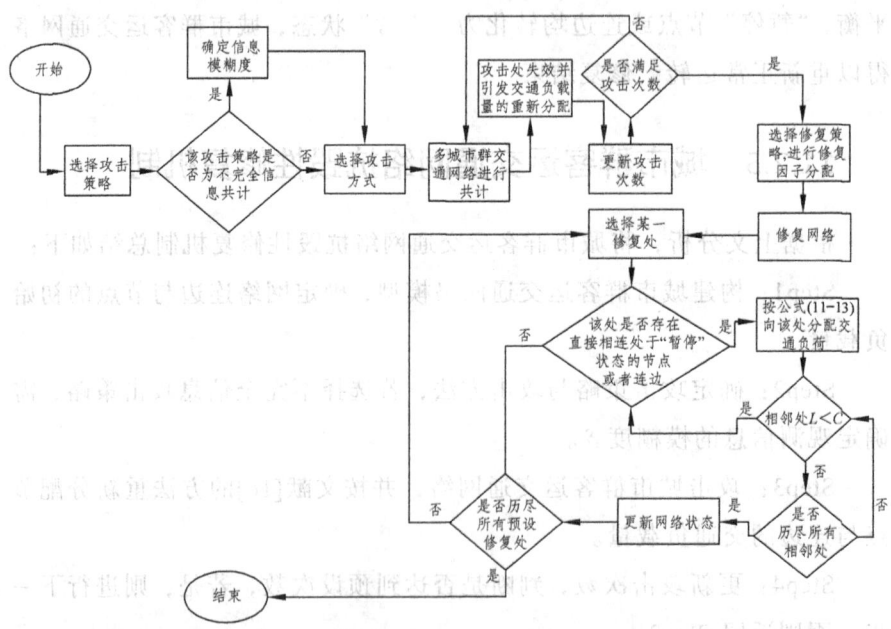

图 11-1 城市群客运交通网络修复机制

11.2.6　城市群客运交通网络抗毁性修复测定指标

为衡量不同修复策略抗毁性修复效果，考虑到城市群客运交通网络各节点交通流量的不均衡性，拟采用最大连通子图相对规模这一指标评估。

$$S = \frac{\sum_{i=1}^{N'} h_i}{\sum_{i=1}^{N} h_i} \tag{11-14}$$

式中　N'——修复完成后达到稳定状态时城市群客运交通网络最大连通子图内的节点数；

　　　N——城市群客运交通网络未遭到攻击时所包含的节点数；

　　　h_i——城市群交通网络中第 i 个节点的点权。

为了排除偶然因素的影响，重复 m 次修复过程，将每次得到的最大连通子图相对规模取平均值，即为最终修正后的最大连通子图相对规模。其表示方法如式（11-15）所示：

$$S' = \frac{1}{m}\sum_{i=1}^{m} S_i \tag{11-15}$$

式中　S_i——第 i 次重复试验得到的城市群客运交通网络最大连通子图相对规模。

11.3　城市群客运交通网络级联抗毁性修复实例仿真

11.3.1　呼包鄂城市群客运交通网络构建

呼包鄂城市群地处我国内陆，无水路运输，由于航空运输承担的运输比例较小，可忽略不计，其交通网络结构相对单一。因此，构建道路交通网络与轨道交通网络模型，并将二者叠加，获得呼包鄂城市群客运交通网络模型，其拓扑结构图如图11-2所示。

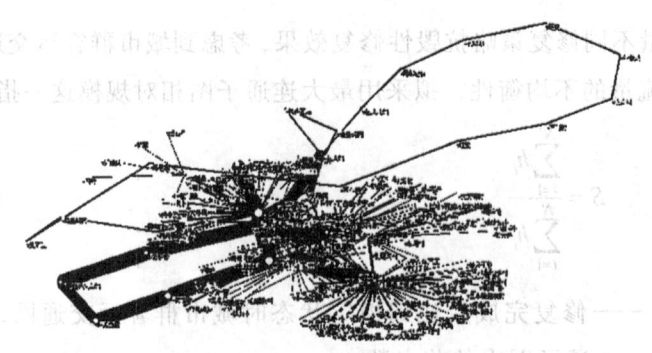

图11-2 呼包鄂城市群客运交通网络拓扑图

11.3.2 参数假设

假设总资金支持为50亿元，单位资金为1000万元。对遭受破坏的线路或站点，最大投入不得超过2亿元，假设每个修复因子对节点的修复概率为 $p_g=0.02$。假设负载-容量为线性关系，取 $\partial=1.3$，$\beta=0$，$m=5$。

11.3.3 随机攻击策略下呼包鄂城市群客运交通网络抗毁性修复仿真

呼包鄂城市群客运交通网络节点遭受随机攻击时，三种修复策略抗毁性修复效果如图11-3所示。其中，横坐标表示仿真的次数，即遭受攻击的交通网络节点或连边数目，纵坐标表示修复完成后呼包鄂城市群客运交通网络最大连通子图相对规模修正值。

仿真结果表明，呼包鄂城市群遭受随机攻击时，偏好修复的修复效果最好，平均修复策略次之，重点修复策略修复效果不理想。当呼包鄂城市群受攻击次数较少时，修复因子相对充足，因此各修复策略修复效果相差不大。随着攻击次数的增加，由于攻击者攻击不具有目的性，而重点修复仅考虑并可能修复了高权重的节点或连边，忽略了大部分一般性节点及连边，因此修复效果急剧下降。

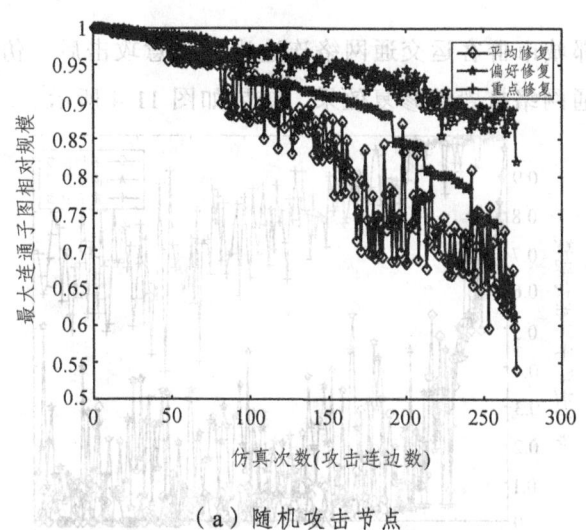

（a）随机攻击节点

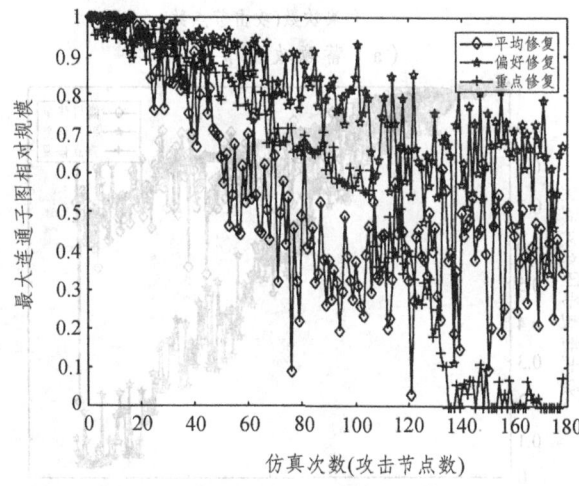

（b）随机攻击连边

图 11-3　随机攻击下呼包鄂城市群客运交通网络抗毁性修复

11.3.4 蓄意攻击策略下呼包鄂城市群客运交通网络抗毁性修复仿真

在呼包鄂城市群客运交通网络连边遭受蓄意攻击后，仿真三种修复策略对于交通网络抗毁性修复效果，结果如图 11-4 所示。

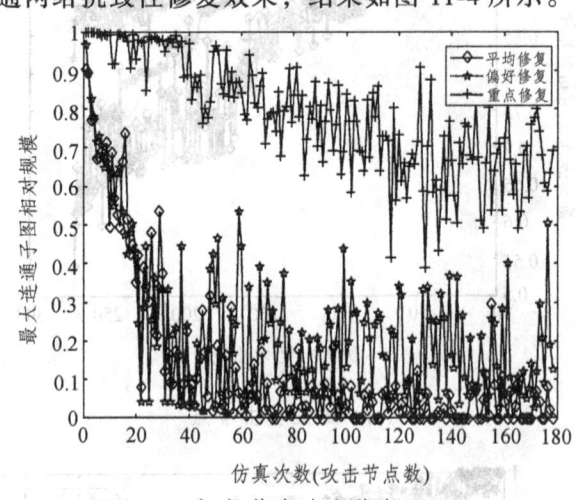

（a）蓄意攻击节点

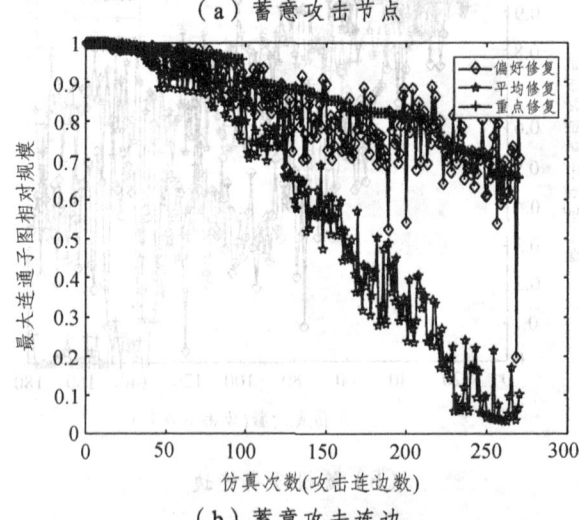

（b）蓄意攻击连边

图 11-4 蓄意攻击下呼包鄂城市群客运交通网络抗毁性修复

仿真结果表明，呼包鄂城市群遭受蓄意攻击时，同等条件下，重点修复策略的修复效果较好，偏好修复策略次之，平均修复策略修复效果不理想。蓄意攻击策略比随机攻击策略破坏性大，因此曲线波动幅度明显加剧。重点修复策略对遭受攻击的大权重节点或连边能够进行快速、准确、充分地修复，修复效果最好。当攻击次数增加到一定程度后，重点修复策略依然能够使城市群交通网路抗毁性指标处于一个相对较高的状态。当攻击次数足够大时，平均修复策略修复效果极低，网络的连通性也很低，说明城市群客运交通网络不同于城市交通网络，城市群各城市之间以及城市群与外部城市或区域之间，交通线路还不够完善，网络各节点之间可达性较低。

11.3.5　不完全信息攻击策略下呼包鄂城市群客运交通网络抗毁性修复仿真

在呼包鄂城市群客运交通网络连边遭受不完全信息攻击后，仿真三种修复策略对于交通网络抗毁性修复效果。当观测信息的模糊度 $\alpha=0.2$、$\delta=0.8$ 时，仿真结果如图 11-5 所示。

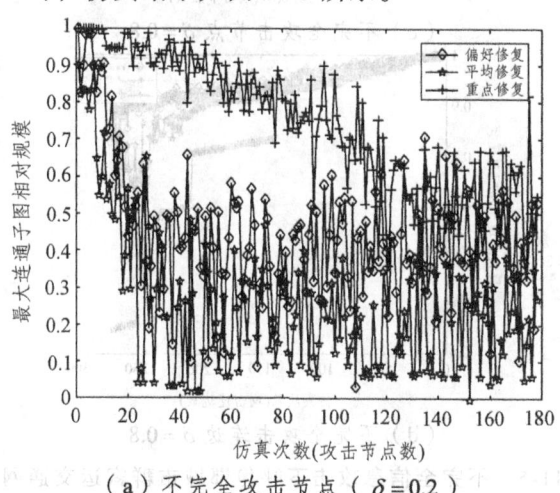

（a）不完全攻击节点（$\delta=0.2$）

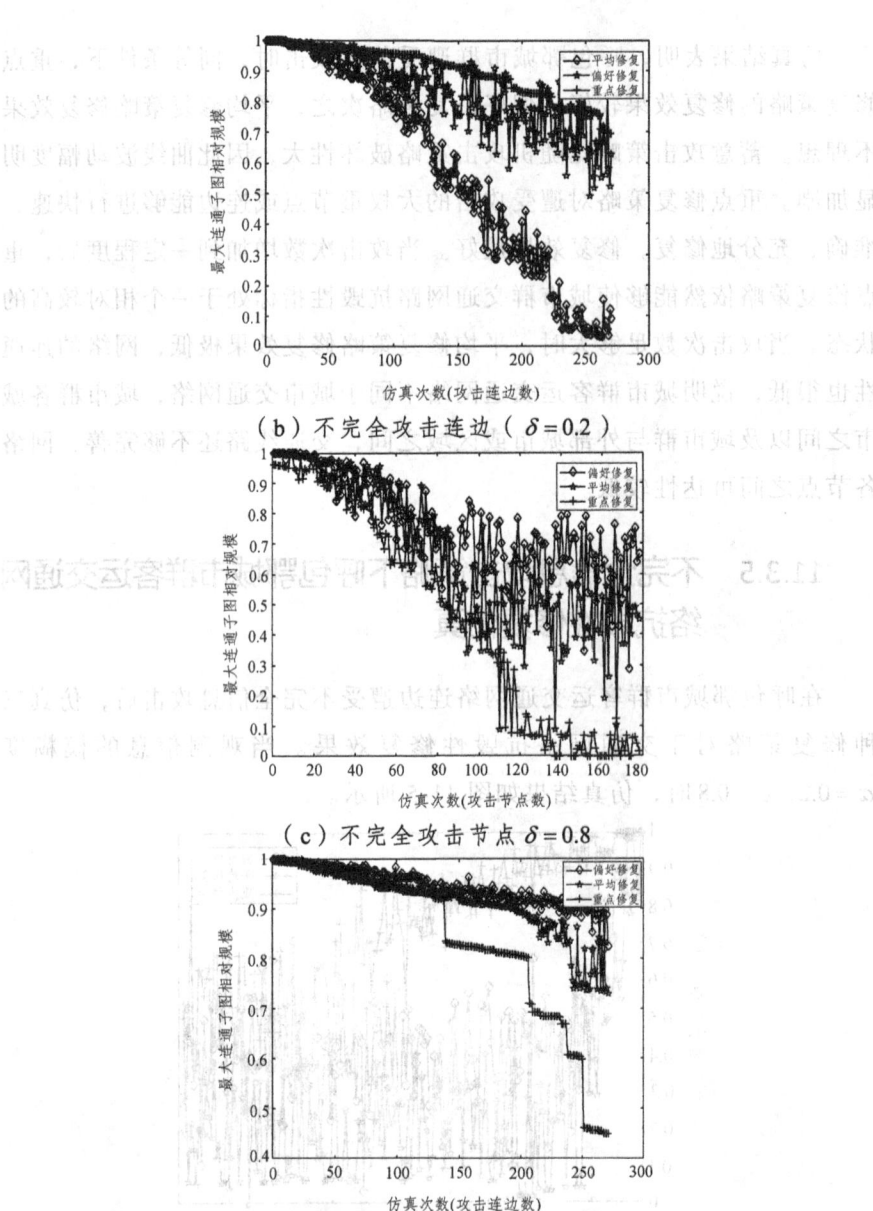

(b) 不完全攻击连边（$\delta=0.2$）

(c) 不完全攻击节点 $\delta=0.8$

(d) 不完全攻击连边 $\delta=0.8$

图 11-5　不完全信息攻击下呼包鄂城市群客运交通网络
抗毁性修复仿真（$\delta=0.8$）

仿真结果表明，$\delta=0.8$ 时，城市群客运交通网络抗毁性修复结果与随机攻击相似；$\delta=0.2$ 时，城市群客运交通网络抗毁性修复结果与蓄意攻击相似；说明信息模糊度存在一个阈值。此外，在不完全信息攻击策略下，平均修复效果与偏好修复效果差异缩小，且存在个别点相互交织，这是因为由于信息获取的不完全性导致偏好修复本身对连边或节点的权重判断存在偏差，因此修复效果略有下降。

11.4 本章小结

本章建立城市群客运交通网络抗毁性修复模型，利用 Pajek 及 Matlab 以呼包鄂城市群为对象进行仿真。研究结果如下：

（1）随机攻击策略下，偏好修复策略为城市群客运交通网络抗毁性修复最优化策略；蓄意攻击策略下，重点修复策略为城市群客运交通网络抗毁性修复最优化策略；不完全信息攻击策略下，城市群客运交通网络抗毁性修复最优化策略依据信息模糊度的大小而定，小于阈值重点修复为最优化策略，大于阈值偏好修复为最优化策略。

（2）城市群客运交通网络不同于一般的网络，由于各节点及连边交通量承担率相差巨大，平均修复策略的抗毁性修复效果差强人意，在今后的研究中可以基本排除。

（3）蓄意攻击下，当攻击次数足够多时，重点修复策略依然能够使城市群交通网路抗毁性指标处于一个相对较高的状态，说明在城市群客运交通网络中，存在少数大权重的节点在网络中占据主要地位，即城市群客运交通网络是一个典型的无标度网络。

（4）对于城市群客运交通网络，遭受相同攻击次数时，三种修复策略下节点抗毁性修复效果均弱于随机攻击连边。说明攻击节点对交通网络抗毁性的影响较大，修复难度较高，因此，有关部门应更加重视城市群客运交通网络站点的建设与定期维护。

PART TWELVE

第 12 章 结论与展望

12.1 主要研究成果

为提高城市群交通网络抵御外来灾害的能力,降低级联失效带来的影响,本书基于复杂网络思想对城市群客运交通网络抗毁性研究过程中涉及的理论方法进行了系统的阐述及创新,并基于现实的交通网络对所提理论方法进行了实践。首先,对复杂网络视角下的城市群客运交通网络建模方法进行阐述,将复合、耦合的概念引入城市群交通网络,尝试构建以站点为节点的城市群交通网络模型,在对网络进行加权时,引入了基于实际客流量的网络加权方式,以更好地描述现实的交通网络情况;其次,针对城市群交通网络的特性,分别对城市群交通网络的级联失效模型、网络特性测度指标、抗毁性测度指标的构建方法进行探究;而后,分别给出基于随机、蓄意、不完全信息三种攻击策略的城市群客运交通网络抗毁性仿真方法,并以实际网络为例进行仿真,对城市群交通网络的级联失效机理和网络特征进行探究;最后,对城市群交通网络的优化方法和网络受损时的修复策略进行研究,以提高城市群交通网络的抗毁性能。

12.2 研究的不足与展望

本书基于前期的研究成果,对当前城市群交通网络抗毁性理论进行了系统的阐述，但还存在一定的局限性。在网络模型的构建过程中，本书所提出的复合、耦合方法已经尽可能地与现实的交通网络切合，但相较而言，与现实的网络还存在一定的差别，主要体现在现实网络的动态特征，未来的研究应当注意到现实交通网络的动态复杂性特征，以尽可能地反映现实的交通网络系统。在构建城市群交通网络级联失效模型的过程中，本书没有考虑现实交通网络系统中由于时间变化所导致的交通网络流动在一定范围内的影响，这一点在未来的研究中应当得到注意。此外，现有研究主要集中在对于城市群交通网络抗毁性特征的动态仿真上，而关于优化以及修复的相关研究还没能深入展开，本书在第10章、11章分别对城市群客运交通网络的优化及修复问题进行了相应的研究，但是研究方法、策略还比较单一。

参考文献

References

[1] 李成兵,魏磊,李奉孝,等. 基于攻击策略的城市群复合交通网络脆弱性研究[J]. 公路交通科技, 2017, (03): 101-109.

[2] 李成兵,郝羽成,王文颖. 城市群复合交通网络可靠性研究[J]. 系统仿真学报, 2017, (03): 565-571+580.

[3] 李成兵,魏磊,郝羽成. 城市群复合交通网络特性研究[J]. 系统仿真学报, 2016, (12): 2958-2965.

[4] 李成兵,魏磊,卢天伟,高巍. 城市群交通网络抗毁性仿真研究[J]. 系统仿真学报, 2018, 30 (02): 489-496.

[5] 李成兵,魏磊,高巍,李奉孝. 城市群复合交通网络级联抗毁性[J]. 公路交通科技, 2018, 35 (06): 95-104.

[6] 李成兵,郝羽成,高巍,李奉孝. 城市群交通网络级联失效建模与可靠性仿真[J].公路交通科技, 2018, 35 (05): 135-141.

[7] 李成兵,张帅,杨志成,刘振宇. 蓄意攻击下城市群客运交通网络级联抗毁性仿真[J]. 交通运输系统工程与信息, 2019, 19 (02): 14-21.

[8] 李成兵,李奉孝,王璐瑶. 城市群客运交通网络可靠性修复仿真[J]. 西南交通大学学报, 2019, 54 (02): 388-394+401.

[9] 郝羽成,李成兵,魏磊. 考虑节点过载的复杂网络级联失效模型[J]. 系统工程与电子技术, 2018, 40 (10): 2282-2287.

[10] 王甲生，吴晓平，陈永强. 加权无标度网络级联抗毁性研究[J]. 复杂系统与复杂性科学，2013，10（2）：13-19.

[11] 彭兴钊，姚宏，张志浩，等. 基于节点蓄意攻击的无标度网络级联抗毁性研究[J]. 系统工程与电子技术，2013，35（9）：1974-1978.

[12] 种鹏云，帅斌. 连环恐怖袭击下危险品运输网络级联失效建模[J]. 系统工程理论与实践，2014，34（4）：1059-1065.

[13] 卫振林，甘杨杰，赵鹏. 城市复合交通网络的若干特性研究[J]. 交通运输系统工程与信息，2015，15（1）：106-111.

[14] 黄大荣，沈利兵，赵玲. 基于复杂网络理论的城市路网脆弱性研究[J]. 重庆交通大学学报（自然科学版），2015（1）：110-115.

[15] 刘志谦，宋瑞. 基于复杂网络理论的广州轨道交通网络可靠性研究[J]. 交通运输系统工程与信息，2010，10（5）：194-200.

[16] 种鹏云，帅斌. 危险品运输关联网络级联失效建模及耦合特性[J]. 交通运输系统工程与信息，2015，15（05）：150-156.

[17] 王云琴. 基于复杂网络理论的城市轨道交通网络连通可靠性研究[D]. 北京：北京交通大学，2008.

[18] 曾明华，李夏苗，刘大鹏. 城市群交通网络特性[J]. 系统工程，2009，27（3）：10-15.（Zeng

[19] MOTTER A E, LAI Y C. Cascade-based Attacks on Complex Networks.[J]. Physical Review E Statistical Nonlinear & Soft Matter Physics, 2002, 66（2）: 114-129.

[20] LI S, LI L, YANG Y, et al. Revealing The Process of Edge-based-attack Cascading Failures[J]. Nonlinear Dynamics, 2012, 69（3）: 837-845.

[21] CHEN B Y, LAM W H K, SUMALEE A, et al. Vulnerability Analysis for Large-scale and Congested Road Networks with Demand Uncertainty[J]. Transportation Research Part A Policy & Practice,

2012, 46（3）: 501-516.

[22] Chen B Y, Lam W H K, Sumalee A, et al. Vulnerability analysis for large-scale and congested road networks with demand uncertainty[J]. Transportation Research Part A Policy & Practice, 2012, 46（3）: 501-516.

[23] Rohden M, Jung D, Tamrakar S, et al. Cascading failures in ac electricity grids[J]. Physical Review E, 2016.

[24] Shuang Q, Liu Y, Tang Y, et al. System reliability evaluation in water distribution networks with the impact of valves experiencing cascading failures[J]. Water, 2017, 9（6）: 413.

[25] Wang J W, Zhang C, Huang Y, et al. Attack robustness of cascading model with node weight[J]. Nonlinear Dynamics, 2014, 78(1): 37-48.

[26] Duan D L, Ling X D, Wu X Y, et al. Critical thresholds for scale-free networks against cascading failures[J]. Physica A Statistical Mechanics & Its Applications, 2014, 416: 252-258.

[27] Tian M, Wang X, Dong Z, et al. Cascading failures of interdependent modular scale-free networks with different coupling preferences[J]. Epl, 2015, 111（1）.

[28] Zhu G, Wang X, Tian M, et al. Cascading failures of interdependent modular small-world networks[J]. Modern Physics Letters B, 2016, 30（18）: 1650174.

[29] Hong C, Zhang J, Du W B, et al. Cascading failures with local load redistribution in interdependent Watts–Strogatz networks[J]. International Journal of Modern Physics C, 2016, 27（11）.

[30] Wang D, Jia G, Zong H, et al. Abnormal dynamics induced by congestion effect in cascading failures[J]. Modern Physics Letters B, 2019, 33（02）: 1950001.

[31] JiexinWu, CunlaiPu, LunboLi, Guo Cao. Traffic dynamics on multilayer networks[J]. Digital Communications and Networks, 2018.

[32] Xing R, Yang Q, Zheng L. Research on Cascading Failure Model of Urban Regional Traffic Network under Random Attacks[J]. Discrete Dynamics in Nature and Society, 2018, 2018.

[33] Zhang L, Fu B, Li Y. Cascading failure of urban weighted public transit network under single station happening emergency[J]. Procedia engineering, 2016, 137: 259-266.

[34] He T, Zhu N, Hou Z, et al. A novel cascading failure model on city transit network[C]//2016 6th International Conference on Machinery, Materials, Environment, Biotechnology and Computer. Atlantis Press, 2016.

[35] Liu R R, Li M, Jia C X. Cascading failures in coupled networks: The critical role of node-coupling strength across networks[J]. Scientific reports, 2016, 6: 35352.

[36] Ren W, Wu J, Zhang X, et al. A stochastic model of cascading failure dynamics in communication networks[J]. IEEE Transactions on Circuits and Systems II: Express Briefs, 2018, 65 (5): 632-636.

[37] Cats O, Jenelius E. Planning for the unexpected: The value of reserve capacity for public transport network robustness[J]. Transportation Research Part A: Policy and Practice, 2015, 81: 47-61.

[38] De-Los-Santos A, Laporte G, Mesa J A, et al. Evaluating passenger robustness in a rail transit network[J]. Transportation Research Part C: Emerging Technologies, 2012, 20 (1): 34-46.

[39] Candelieri A, Galuzzi B G, Giordani I, et al. Vulnerability of public transportation networks against directed attacks and cascading failures[J]. Public Transport, 2019, 11 (1): 27-49.

附 录

附录 A 不完全信息攻击代码

```
function [ g ]=bwqxxgj(ES2, ~ )
E0=ES2;
C0=sum(E0,1);%节点权重矩阵
N1=length(C0);%节点数目
a1=0.3;%信息广度参数
a2=0.5;%信息精度参数
k=-(a2/(1-a2));
n=floor(a1*N1);%已知信息节点个数
[A,B]=sort(C0,'descend');%按权重值将节点进行排序，B 为下标
R=(1:N1);%序号
x0=zeros(1,n);%用于储存已知信息节点
x1=zeros(1,n);%用于储存蓄意攻击节点序列
x2=zeros(1,n);%储存蓄意攻击节点权重
x3=zeros(1,n);%权重排序
y2=zeros(1,n);
G=zeros();%节点信息获取状态集合，即节点抽样概率集合
P=zeros();%概率累加矩阵，首位值为 0
%
%确定已知信息节点，并将其储存在矩阵 x0 中
F=R.^k;
```

```
        f=sum(F);
        for j=1:n
            for i=1:N1-j+1
                G(i)=F(i)/f;
            end
            r=rand;
            for i=1:N1-j+1%对照确定抽中的节点
                P(i+1)=sum(G(1:i));%确定下限
            end
            for i=1:N1-j+1
                if P(i)<=r&&r<=P(i+1)
                    x0(j)=B(i);%确定抽中的节点下标（此下标直接对照点
权矩阵 C0）
                    B(i)=[];
                elseif r>P(N1-j+1)
                    x0(j)=B(N1-j+1);
                    B(N1-j+1)=[];
                end
            end
            R=(1:N1-j);
            F=R.^k;
            f=sum(F);
        end
        %确定蓄意攻击策略下节点攻击序列
        x2=C0(x0);
        x3=sort(x2,'descend');
        for i=1:n
```

```
        for j=1:n
            if x3(i)==x2(j)
                x1(i)=x0(j);
                x2(j)=0;
                break
            end
        end
end
%确定随机攻击节点序列
ss=randperm(N1);%产生随机数组，即确定随机攻击的节点下标顺序
y1=ss;
for i=1:N1
    for j=1:n
        if ss(i)==x1(j)
            y1(i)=0;
        end
    end
end
y1(y1==0)=[];
g=[x1 y1];
```

附录 B　不完全信息容量参数抗毁性仿真代码

```
function [ GG ]=bwqxxrongliang(ES2,JL)
E0=ES2;%输入邻接矩阵，客流加权数据//也是连边容量
C0=sum(E0,1);%求初始节点点权//也是节点容量
```

s=0.05;% s 为节点容量参数，可变
q=0.6;% q 为连边容量参数，可变
J2=q*E0;%连边初始负载，可变
N1=length(C0);%节点数目
N2=numel(E0);%连边数目
GG=zeros(1,24);%构建相对最大联通子图矩阵
a=0.5;% a 为连边剩余容量权重
b=0.5;% b 为空间距离权重
h=1;

%%构建不完全信息攻击节点序列
a1=0.1;%信息广度参数
a2=0.2;%信息精度参数
k=-(a2/(1-a2));
n=floor(a1*N1);%已知信息节点个数
[A,B]=sort(C0,'descend');%按权重值将节点进行排序，B 为下标
R=(1:N1);%序号
x0=zeros(1,n);%用于储存已知信息节点
x1=zeros(1,n);%用于储存蓄意攻击节点序列
x2=zeros(1,n);%储存蓄意攻击节点权重
x3=zeros(1,n);%权重排序
y2=zeros(1,n);
G=zeros();%节点信息获取状态集合，即节点抽样概率集合
P=zeros();%概率累加矩阵，首位值为 0
%
%确定已知信息节点，并将其储存在矩阵 x0 中
F=R.^k;

```
f=sum(F);
for j=1:n
    for i=1:N1-j+1
        G(i)=F(i)/f;
    end
    r=rand;
    for i=1:N1-j+1%对照确定抽中的节点
        P(i+1)=sum(G(1:i));%确定下限
    end
    for i=1:N1-j+1
        if P(i)<=r&&r<=P(i+1)
            x0(j)=B(i);%确定抽中的节点下标(此下标直接对照点权矩阵C0)
            B(i)=[];
        elseif r>P(N1-j+1)
            x0(j)=B(N1-j+1);
            B(N1-j+1)=[];
        end
    end
    R=(1:N1-j);
    F=R.^k;
    f=sum(F);
end
%确定蓄意攻击策略下节点攻击序列
x2=C0(x0);
x3=sort(x2,'descend');
for i=1:n
```

```
        for j=1:n
            if x3(i)==x2(j)
                x1(i)=x0(j);
                x2(j)=0;
                break
            end
        end
end
%确定随机攻击节点序列
ss=randperm(N1);%产生随机数组，即确定随机攻击的节点下标顺序
y1=ss;
for i=1:N1
    for j=1:n
        if ss(i)==x1(j)
            y1(i)=0;
        end
    end
end
y1(y1==0)=[];
g=[x1,y1];
%%初次攻击
for i=1:24
    J1=s*C0;%节点初始负载，可变
    t=g(1);
    %构建联通距离权效应矩阵
    LB=zeros(N1,N1);
    F1=zeros(N1,N1);
```

```
F2=zeros(N1,N1);
M=0;
N=0;
    for i=1:N1
        for j=1:N1
            if E0(i,j) ~ =0
                M=M+(E0(i,j)-J2(i,j));
            end
        end
        for j=1:N1
            if JL(i,j) ~ =0
                N=N+JL(i,j);
            end
        end
    end
    for i=1:N1
        for j=1:N1
            if E0(i,j) ~ =0
            F1(i,j)=(E0(i,j)-J2(i,j))/M;
            F2(i,j)=JL(i,j)/N;
            LB(i,j)=a*F1(i,j)+b*F2(i,j);
            end
        end
    end
    for j=1:N1%负载分配
        if E0(t,j) ~ =0
            J1(j)=J1(j)+LB(t,j)*J1(t);
```

```
            end
        end
        for j=1:N1%更新负载
            E0(t,j)=0;
            J2(t,j)=0;
        end
        J1(t)=0;
        C0(t)=0;
        %%% 节点状态判定+负载重分配(全局视角下，检测四遍)
        for m=1:N1
            if J1(m)>C0(m)
                r=rand;
                p=(J1(m)-C0(m))/C0(m);
                %构建联通距离权效应矩阵
                LB=zeros(N1,N1);
                F1=zeros(N1,N1);
                F2=zeros(N1,N1);
                M=0;
                N=0;
                for i=1:N1
                    for j=1:N1
                        if E0(i,j) ~ =0
                            M=M+(E0(i,j)-J2(i,j));
                        end
                    end
                    for j=1:N1
```

```
                    if JL(i,j) ~ =0
                        N=N+JL(i,j);
                    end
                end
                for j=1:N1
                    if E0(i,j) ~ =0
                        F1(i,j)=(E0(i,j)-J2(i,j))/M;
                        F2(i,j)=JL(i,j)/N;
                        LB(i,j)=a*F1(i,j)+b*F2(i,j);
                    end
                end
            end
            if J1(m)>C0(m)&&r>p%暂停节点
                for n=1:N1
                    if E0(m,n) ~ =0
                        J1(n)=J1(n)+LB(m,n)*(J1(m)-C0(m));
                    end
                end
            elseif J1(m)>C0(m)&&r<=p%失效节点
                for n=1:N1
                    if E0(m,n) ~ =0
                        J1(n)=J1(n)+LB(m,n)*J1(m);
                    end
                end
                for n=1:N1%更新负载
                    E0(m,n)=0;
```

```
                    J2(m,n)=0;
                end
            J1(m)=0;
            C0(m)=0;
        end
    end
end
for m=1:N1
    if J1(m)>C0(m)
        r=rand;
        p=(J1(m)-C0(m))/C0(m);
        %构建联通距离权效应矩阵
        LB=zeros(N1,N1);
        F1=zeros(N1,N1);
        F2=zeros(N1,N1);
        M=0;
        N=0;
        for i=1:N1
            for j=1:N1
                if E0(i,j) ~ =0
                    M=M+(E0(i,j)-J2(i,j));
                end
            end
            for j=1:N1
                if JL(i,j) ~ =0
                    N=N+JL(i,j);
                end
```

```
            end
        for j=1:N1
            if E0(i,j)~=0
            F1(i,j)=(E0(i,j)-J2(i,j))/M;
            F2(i,j)=JL(i,j)/N;
            LB(i,j)=a*F1(i,j)+b*F2(i,j);
            end
        end
    end
    if J1(m)>C0(m)&&r>p%暂停节点
        for n=1:N1
            if E0(m,n)~=0
    J1(n)=J1(n)+LB(m,n)*(J1(m)-C0(m));
            end
        end
    elseif J1(m)>C0(m)&&r<=p%失效节点
        for n=1:N1
            if E0(m,n)~=0
            J1(n)=J1(n)+LB(m,n)*J1(m);
            end
        end
        for n=1:N1%更新负载
            E0(m,n)=0;
            J2(m,n)=0;
        end
        J1(m)=0;
```

```
            C0(m)=0;
        end
    end
end
for m=1:N1
    if J1(m)>C0(m)
        r=rand;
        p=(J1(m)-C0(m))/C0(m);
        %构建联通距离权效应矩阵
        LB=zeros(N1,N1);
        F1=zeros(N1,N1);
        F2=zeros(N1,N1);
        M=0;
        N=0;
        for i=1:N1
            for j=1:N1
                催傀儡儠兆公冢澄 0(i,j)~=0
                    M=M+(E0(i,j)-J2(i,j));
                end
            end
            for j=1:N1
                if JL(i,j)~=0
                    N=N+JL(i,j);
                end
            end
            for j=1:N1
                if E0(i,j)~=0
```

```
                F1(i,j)=(E0(i,j)-J2(i,j))/M;
                F2(i,j)=JL(i,j)/N;
                LB(i,j)=a*F1(i,j)+b*F2(i,j);
              end
           end
        end
        if J1(m)>C0(m)&&r>p%暂停节点
           for n=1:N1
              if E0(m,n)~=0
                 J1(n)=J1(n)+LB(m,n)*(J1(m)-C0(m));
              end
           end
        elseif J1(m)>C0(m)&&r<=p%失效节点
           for n=1:N1
              if E0(m,n)~=0
                 J1(n)=J1(n)+LB(m,n)*J1(m);
              end
           end
           for n=1:N1%更新负载
              E0(m,n)=0;
              J2(m,n)=0;
           end
           J1(m)=0;
           C0(m)=0;
        end
     end
```

```
end
for m=1:N1
    if J1(m)>C0(m)
        r=rand;
        p=(J1(m)-C0(m))/C0(m);
        %构建联通距离权效应矩阵
        LB=zeros(N1,N1);
        F1=zeros(N1,N1);
        F2=zeros(N1,N1);
        M=0;
        N=0;
        for i=1:N1
            for j=1:N1
                if E0(i,j) ~ =0
                    M=M+(E0(i,j)-J2(i,j));
                end
            end
            for j=1:N1
                if JL(i,j) ~ =0
                    N=N+JL(i,j);
                end
            end
            for j=1:N1
                if E0(i,j) ~ =0
                    F1(i,j)=(E0(i,j)-J2(i,j))/M;
                    F2(i,j)=JL(i,j)/N;
                    LB(i,j)=a*F1(i,j)+b*F2(i,j);
```

```
                        end
                    end
                end
                if J1(m)>C0(m)&&r>p%暂停节点
                    for n=1:N1
                        if E0(m,n)~=0
                            J1(n)=J1(n)+LB(m,n)*(J1(m)-C0(m));
                        end
                    end
                elseif J1(m)>C0(m)&&r<=p%失效节点
                    for n=1:N1
                        if E0(m,n)~=0
                            J1(n)=J1(n)+LB(m,n)*J1(m);
                        end
                    end
                    for n=1:N1%更新负载
                        E0(m,n)=0;
                        J2(m,n)=0;
                    end
                    J1(m)=0;
                    C0(m)=0;
                end
            end
end
%%求出相对最大联通子图
jljz=J2;
```

```
jljz((jljz==0))=inf;
    for i=1:N1
        jljz(i,i)=0;
    end

    for k=1:N1%计算最短路
    for i=1:N1-1
        for j=i+1:N1
            if jljz(i,k)+jljz(k,j)<jljz(i,j)
                jljz(i,j)=jljz(i,k)+jljz(k,j);
                jljz(j,i)= jljz(i,j);
            end
        end
    end
    end

    ltzt=zeros(N1(1),1);

    for i=1 :N1%找到每个节点可以到达的节点数
        D=find(jljz(i,:)<inf);
        ltzt(i)=sum(J1((D(1,:))));
    end
    y=max(ltzt)/(s*1103480);%输出相对最大连通子图
    GG(h)=y;
    h=h+1;
    s=s+0.05;
    E0=ES2;%输入邻接矩阵，客流加权数据//也是连边容量
```

```
        C0=sum(E0,1);%求初始节点点权//也是节点容量
        J2=q*E0;%连边初始负载,可变
End
```

附录C 连边距离权代码

```
function [ LB ]=lbjlq_F(ES2,JL)%构建连边距离权效应矩阵
E0=ES2;%输入邻接矩阵,客流加权数据//也是连边容量
C0=sum(E0,1);%求初始节点点权//也是节点容量
s=0.1;% s 为节点容量参数,可变
q=0.5;% q 为连边容量参数,可变
a=0.5;% a 为连边剩余容量权重
b=0.5;% b 为空间距离权重
J1=s*C0;%节点初始负载,可变
J2=q*E0;%连边初始负载,可变
N1=length(C0);%节点数目
N2=numel(E0);%连边数目
n=N1+N2;%确定节点、连边数目
LB=zeros(N1,N1);
F1=zeros(N1,N1);
F2=zeros(N1,N1);
M=0;
N=0;
for i=1:N1
    for j=1:N1
        if E0(i,j) ~ =0
```

```
                M=M+(E0(i,j)-J2(i,j));
            end
        end
        for j=1:N1
            if JL(i,j) ~ =0
                N=N+JL(i,j);
            end
        end
        for j=1:N1
            if E0(i,j) ~ =0
                F1(i,j)=(E0(i,j)-J2(i,j))/M;
                F2(i,j)=JL(i,j)/N;
                LB(i,j)=a*F1(i,j)+b*F2(i,j);
            end
        end
end
```

附录 D　粒子群目标函数代码

```
function[fx]=f(x,ES,JL)
[NN, ~ ]=size(x);    %粒子个数
fx=zeros(1,NN);    %每个粒子适应度值
for ii=1:NN
    E0=ES;   % 输入邻接矩阵，客流加权数据//也是连边容量
    s=0.8;   % s 为节点容量参数
    q=0.8;   % q 为连边容量参数，可变
```

```
J2=q*E0;%连边初始负载，可变
C0=x(ii,:);% 第 ii 个粒子容量
N1=length(C0);%节点数目
J1=s*C0;%节点负载
SUM=round(sum(J1));
n0=1;%选取目标节点时的实验次数
%%初次攻击
for h=1:n0
%%选中目标节点并攻击
    [J11,J10]=find(J1~=0);
    [~,C]=sort(J11,'descend');
    t=J10(C(1));
    %构建联通距离权效应矩阵
    LB=zeros(N1,N1);
        for i=1:N1
            M=0;
            for j=1:N1
                if E0(i,j)~=0
                    M=M+(E0(i,j)-J2(i,j))/JL(i,j);
                end
            end
            for j=1:N1
                if E0(i,j)~=0
                    LB(i,j)=((E0(i,j)-J2(i,j))/JL(i,j))/M;
                end
            end
        end
```

```
for j=1:N1%负载分配
    if E0(t,j)~=0
        J1(j)=J1(j)+LB(t,j)*J1(t);
    end
end
for j=1:N1%更新负载
    E0(t,j)=0;
    J2(t,j)=0;
    E0(j,t)=0;
    J2(j,t)=0;
end
J1(t)=0;
C0(t)=0;
%%% 节点状态判定+负载重分配(全局视角下，检测四遍）
for m=1:N1
    if J1(m)>C0(m)
        r=rand/5;
        p=(J1(m)-C0(m))/C0(m);
        %构建联通距离权效应矩阵
        LB=zeros(N1,N1);
        for i=1:N1
            M=0;
            for j=1:N1
                if E0(i,j)~=0
                    L(i,j);
```

```
                    end
                end
                for j=1:N1
                    if E0(i,j)~=0
                        LB(i,j)=((E0(i,j)-J2(i,j))/JL(i,j))/M;
                    end
                end
            end
            if J1(m)>C0(m)&&r>p%暂停节点
                for n=1:N1
                    if E0(m,n)~=0
                        J1(n)=J1(n)+LB(m,n)*(J1(m)-C0(m));
                    end
                end
            elseif J1(m)>C0(m)&&r<=p%失效节点
                for n=1:N1
                    if E0(m,n)~=0
                        J1(n)=J1(n)+LB(m,n)*J1(m);
                    end
                end
                for n=1:N1%更新负载
                    E0(m,n)=0;
                    J2(m,n)=0;
                    E0(n,m)=0;
                    J2(n,m)=0;
                end
```

```
            J1(m)=0;
            C0(m)=0;
        end
    end
end
for m=1:N1
    if J1(m)>C0(m)
        r=rand/5;
        p=(J1(m)-C0(m))/C0(m);
        %构建联通距离权效应矩阵
        LB=zeros(N1,N1);
        for i=1:N1
            M=0;
            for j=1:N1
                if E0(i,j)~=0
                    M=M+(E0(i,j)-J2(i,j))/JL(i,j);
                end
            end
            for j=1:N1
                if E0(i,j)~=0
                    LB(i,j)=((E0(i,j)-J2(i,j))/JL(i,j))/M;
                end
            end
        end
        if J1(m)>C0(m)&&r>p%暂停节点
            for n=1:N1
                if E0(m,n)~=0
```

```
            J1(n)=J1(n)+LB(m,n)*(J1(m)-C0(m));
                    end
                end
            elseif J1(m)>C0(m)&&r<=p%失效节点
                for n=1:N1
                    if E0(m,n) ~ =0
                        J1(n)=J1(n)+LB(m,n)*J1(m);
                    end
                end
                for n=1:N1%更新负载
                    E0(m,n)=0;
                    J2(m,n)=0;
                    E0(n,m)=0;
                    J2(n,m)=0;
                end
                J1(m)=0;
                C0(m)=0;
            end
        end
    end
    for m=1:N1
        if J1(m)>C0(m)
            r=rand/5;
            p=(J1(m)-C0(m))/C0(m);
            %构建联通距离权效应矩阵
            LB=zeros(N1,N1);
```

```
for i=1:N1
    M=0;
    for j=1:N1
        if E0(i,j)~=0
            M=M+(E0(i,j)-J2(i,j))/JL(i,j);
        end
    end
    for j=1:N1
        if E0(i,j)~=0
            LB(i,j)=((E0(i,j)-J2(i,j))/JL(i,j))/M;
        end
    end
end
if J1(m)>C0(m)&&r>p%暂停节点
    for n=1:N1
        if E0(m,n)~=0
            J1(n)=J1(n)+LB(m,n)*(J1(m)-C0(m));
        end
    end
elseif J1(m)>C0(m)&&r<=p%失效节点
    for n=1:N1
        if E0(m,n)~=0
            J1(n)=J1(n)+LB(m,n)*J1(m);
        end
    end
    for n=1:N1%更新负载
```

```
                    E0(m,n)=0;
                    J2(m,n)=0;
                    E0(n,m)=0;
                    J2(n,m)=0;
                end
                J1(m)=0;
                C0(m)=0;
            end
        end
    end
    for m=1:N1
        if J1(m)>C0(m)
            r=rand/5;
            p=(J1(m)-C0(m))/C0(m);
            %构建联通距离权效应矩阵
            LB=zeros(N1,N1);
            for i=1:N1
                M=0;
                for j=1:N1
                    if E0(i,j) ~ =0
                    end
                end
                for j=1:N1
                    if E0(i,j) ~ =0
```

```
                    LB(i,j)=((E0(i,j)-J2(i,j))/JL(i,j))/M;
                end
            end
        end
        if J1(m)>C0(m)&&r>p%暂停节点
            for n=1:N1
                if E0(m,n) ~ =0
                    J1(n)=J1(n)+LB(m,n)*(J1(m)-C0(m));
                end
            end
        elseif J1(m)>C0(m)&&r<=p%失效节点
            for n=1:N1
                if E0(m,n) ~ =0
                    J1(n)=J1(n)+LB(m,n)*J1(m);
                end
            end
            for n=1:N1%更新负载
                E0(m,n)=0;
                J2(m,n)=0;
                E0(n,m)=0;
                J2(n,m)=0;
            end
            J1(m)=0;
            C0(m)=0;
        end
    end
```

```
            end
        end
        %%求出相对最大联通子图
        jljz=J2;
        jljz((jljz==0))=inf;
        for i=1:N1
            jljz(i,i)=0;
        end
        %计算最短路
        for i=1:N1-1
            for j=i+1:N1
                for k=1:N1
                    if jljz(i,k)+jljz(k,j)<jljz(i,j)
                        jljz(i,j)=jljz(i,k)+jljz(k,j);
                        jljz(j,i)= jljz(i,j);
                    end
                end
            end
        end
        ltzt=zeros(N1,1);
        for i=1 :N1%找到每个节点可以到达的节点数
            [ ~ ,D]=find(jljz(i,:)<inf);
            ltzt(i)=round(sum(J1(D)));
        end
        y=(max(ltzt))/SUM;%输出相对最大连通子图
        fx(ii)=y;
    end
```

附录 E 粒子群变异函数代码

```
function[p]=by(x,fx,fym)
[N, ~ ]=size(x);
pm=0.5;        %%变异概率
sigamad2=0.1;%%临界平均适应度方差
fd=0.99765;    %%理论最优适应度下限
favg=1/N*sum(fx);
b=0;
c=0;
for i=1:N
    a=abs(fx(i)-favg);
    if a>b
        b=a;
    end
end
for i=1:N
    c=c+((fx(i)-favg)/b)^2;
end
sigama2=1/N*c;
if sigama2<sigamad2&&fym>fd
    p=pm;
else
    p=0;
end
```

附录F 优化粒子群代码

```
function[ym]=youhuapso(ES,JL)
tic;
E0=ES;                      %输入邻接矩阵,客流加权数据//也是连边容量
C0=sum(E0,1);               %求初始节点点权//也是节点容量
N1=length(C0);              %节点数目
N = 30;                     % 初始种群个数
d = N1;                     % 空间维数
ger = 300;                  % 最大迭代次数
c_1max=1.2;
c_1min=0.8;
c_2 = 0.5;                  % 自我学习因子
c_3 = 0.5;                  % 群体学习因子
x=zeros(N,d);               %粒子位置(原解空间)
xx=zeros(N,d);              %粒子位置(初始映射)
%计算位置、速度边界矩阵
limit=[0.8*C0;1.2*C0];
a=-5*ones(2,d);
b=5*ones(2,d);
vlimit=[a(1,:);b(2,:)];
%种群初始化
for j=1:d
    xx(1,j)=rand;
    if xx(1,j)==0||xx(1,j)==0.25||xx(1,j)==0.5||xx(1,j)==0.75
        xx(1,j)=xx(1,j)+0.1;
```

```
        end
    for i=2:N
        xx(i,j)=4*xx(i-1,j)*(1-xx(i-1,j));
    end
end
for i = 1:N
    for j=1:d
        x(i,j) = limit(1, j) + (limit(2, j) - limit(1, j)) * xx(i,j);%初始种群的位置
    end
end
v = 10*rand(N, d)-5*ones(N,d);                    % 初始种群的速度
xm = x;                              % 每个个体的历史最佳位置
ym = zeros(1, d);                    % 种群的历史最佳位置
fxm = zeros(N, 1);                   % 每个个体的历史最佳适应度
fym = -inf;                          % 种群历史最佳适应度
%%% 粒子群工作
iter = 1;
record = zeros(ger, 1);              % 记录器
while iter <= ger
    fx = f(x,ES,JL) ; % 个体当前适应度
    for i = 1:N
        if fxm(i) < fx(i)
            fxm(i) = fx(i);          % 更新个体历史最佳适应度
            xm(i,:) = x(i,:);        % 更新个体历史最佳位置
        end
```

```
            end
        if fym < max(fxm)
            [fym, nmax] = max(fxm);    % 更新群体历史最佳适应度
            ym = xm(nmax, :);          % 更新群体历史最佳位置
        end
        p=by(x,fx,fym);%变异概率
        r=rand;
        if p ~ =0&&p>=r
            for j=1:d
                ym(d)=ym(d)*(1+0.1*randn);
            end
        end
        c_1=c_1max-(c_1max-c_1min)*iter/ger;%惯性权重赋值
        v = v * c_1 + c_2 * rand(N,d).*(xm - x) + c_3 * rand(N,d).*(repmat(ym, N, 1) - x);% 速度更新
        % 边界速度处理
        for i=1:d
            for j=1:N
                if   v(j,i)>vlimit(2,i)
                    v(j,i)=vlimit(2,i);
                end
                if   v(j,i) < vlimit(1,i)
                    v(j,i)=vlimit(1,i);
                end
            end
        end
        x = x + v;% 位置更新
```

```
    % 边界位置处理
    for i=1:d
        for j=1:N
            if   x(j,i)>limit(2,i)
                x(j,i)=limit(2,i);
            end
            if   x(j,i) < limit(1,i)
                x(j,i)=limit(1,i);
            end
        end
    end
    record(iter) = fym;%最大值记录
    iter = iter+1;
end
figure(1);plot(record);title('收敛过程')
toc;
```

附录G 粒子群实验检验代码

```
function[record]=sy(ES,JL,bzg1)
    tic;
    E0=ES;   % 输入邻接矩阵，客流加权数据//也是连边容量
    E0C=E0;
    s=0.8;   % s 为节点容量参数
    q=0.8;   % q 为连边容量参数，可变
    J2=q*E0;%连边初始负载，可变
```

```
J2C=J2;
C0=sum(E0,1);% 容量
C0C=C0;
N1=length(C0);%节点数目
J1=s*C0;%节点负载
J1C=J1;
SUM=round(sum(J1));
n0=10;%选取目标节点时的实验次数
C=(1:n0);
record=zeros(N1,1);
gg=1;%随机攻击次数
yy=1;
while yy>0
    [~,CC]=find(C0C~=0);
    n1=length(CC);
    descend=zeros(1,n0);%抗毁度
    %%%确定随机选取的节点序列
    C=ceil(rand(1,n0)*n1);
    %%%初次攻击
    for h=1:n0
        tt=C(h);
        t=CC(tt);
        E00=E0C;
        J22=J2C;
        C00=C0C;
        J11=J1C;
        if J11(t)~=0
```

```
%构建联通距离权效应矩阵
LB=zeros(N1,N1);
    for i=1:N1
        M=0;
        for j=1:N1
            if E00(i,j) ~ =0
                M=M+(E00(i,j)-J22(i,j))/JL(i,j);
            end
        end
        for j=1:N1
            if E00(i,j) ~ =0
                LB(i,j)=((E00(i,j)-J22(i,j))/JL(i,j))/M;
            end
        end
    end
    for j=1:N1%负载分配
        if E00(t,j) ~ =0
            J11(j)=J11(j)+LB(t,j)*J11(t);
        end
    end
    for j=1:N1%更新负载
        E00(t,j)=0;
        J22(t,j)=0;
        E00(j,t)=0;
        J22(j,t)=0;
    end
    J11(t)=0;
```

C00(t)=0;
%%% 节点状态判定+负载重分配(全局视角下，检测四遍）
```
for m=1:N1
    if J11(m)>C00(m)
        r=rand/5;
        p=(J11(m)-C00(m))/C00(m);
        %构建联通距离权效应矩阵
        LB=zeros(N1,N1);
        for i=1:N1
            M=0;
            for j=1:N1
                if E00(i,j) ~ =0
                    M=M+(E00(i,j)-J22(i,j))/JL(i,j);
                end
            end
            for j=1:N1
                if E00(i,j) ~ =0
                    LB(i,j)=((E00(i,j)-J22(i,j))/JL(i,j))/M;
                end
            end
        end
        if J11(m)>C00(m)&&r>p%暂停节点
            for n=1:N1
                if E00(m,n) ~ =0
```

```
                J11(n)=J11(n)+LB(m,n)*(J11(m)-C00(m));
                                end
                            end
                        elseif J11(m)>C00(m)&&r<=p%失效节点
                        for n=1:N1
                            if E00(m,n)~=0
                J11(n)=J11(n)+LB(m,n)*J11(m);
                            end
                        end
                        for n=1:N1%更新负载
                            E00(m,n)=0;
                            J22(m,n)=0;
                            E00(n,m)=0;
=0;
                        end
                        J11(m)=0;
                        C00(m)=0;
                    end
                end
            for m=1:N1
                if J11(m)>C00(m)
                    r=rand/5;
```

```
                    p=(J11(m)-C00(m))/C00(m);
                    %构建联通距离权效应矩阵
                    LB=zeros(N1,N1);
                    for i=1:N1
                        M=0;
                        for j=1:N1
                            if E00(i,j)~=0
                                M=M+(E00(i,j)-J22(i,j))/JL(i,j);
                            end
                        end
                        for j=1:N1
                            if E00(i,j)~=0
                                LB(i,j)=((E00(i,j)-J22(i,j))/JL(i,j))/M;
                            end
                        end
                    end
                    if J11(m)>C00(m)&&r>p%暂停节点
                        for n=1:N1
                            if E00(m,n)~=0
                                J11(n)=J11(n)+LB(m,n)*(J11(m)-C00(m));
                            end
                        end
                    elseif J11(m)>C00(m)&&r<=p%失效节点
```

```
                    for n=1:N1
                        if E00(m,n)~=0

J11(n)=J11(n)+LB(m,n)*J11(m);
                        end
                    for n=1:N1%更新负载
                        E00(m,n)=0;
                        J22(m,n)=0;
                        E00(n,m)=0;
                        J22(n,m)=0;
                    end
                    J11(m)=0;
                    C00(m)=0;
                end
            end
        end
        for m=1:N1
            if J11(m)>C00(m)
                r=rand/5;
                p=(J11(m)-C00(m))/C00(m);
                %构建联通距离权效应矩阵
                LB=zeros(N1,N1);
                for i=1:N1
                    M=0;
                    for j=1:N1
                        if E00(i,j)~=0
```

```
                    M=M+(E00(i,j)-J22(i,j))/JL(i,j);
                end
            end
            for j=1:N1
                if E00(i,j)~=0
                    LB(i,j)=((E00(i,j)-J22(i,j))/JL(i,j))/M;
                end
            end
        end
        if J11(m)>C00(m)&&r>p%暂停节点
            for n=1:N1
                if E00(m,n)~=0
                    J11(n)=J11(n)+LB(m,n)*(J11(m)-C00(m));
                end
            end
        elseif J11(m)>C00(m)&&r<=p%失效节点
            for n=1:N1
                if E00(m,n)~=0
                    J11(n)=J11(n)+LB(m,n)*J11(m);
                end
            end
            for n=1:N1%更新负载
                E00(m,n)=0;
                J22(m,n)=0;
                E00(n,m)=0;
                J22(n,m)=0;
```

```
                    end
                J11(m)=0;
                C00(m)=0;
            end
        end
            end
            for m=1:N1
                if J11(m)>C00(m)
                    r=rand/5;
                    p=(J11(m)-C00(m))/C00(m);
                    %构建联通距离权效应矩阵
                    LB=zeros(N1,N1);
                    for i=1:N1
                        M=0;
                        for j=1:N1
                            if E00(i,j)~=0
M=M+(E00(i,j)-J22(i,j))/JL(i,j);
                            end
                        end
                        for j=1:N1
                            if E00(i,j)~=0
LB(i,j)=((E00(i,j)-J22(i,j))/JL(i,j))/M;
                            end
                        end
                    end
```

```
                    if J11(m)>C00(m)&&r>p%暂停节点
                        for n=1:N1
                            if E00(m,n)~=0
                                J11(n)=J11(n)+LB(m,n)*(J11(m)-C00(m));
                            end
                        end
                    elseif J11(m)>C00(m)&&r<=p%失效节点
                        for n=1:N1
                            if E00(m,n)~=0
                                J11(n)=J11(n)+LB(m,n)*J11(m);
                            end
                        end
                        for n=1:N1%更新负载
                            E00(m,n)=0;
                            J22(m,n)=0;
                            E00(n,m)=0;
                            J22(n,m)=0;
                        end
                        J11(m)=0;
                        C00(m)=0;
                    end
                end
            end
```

%%求出相对最大联通子图
jljz=J22;
jljz((jljz==0))=inf;
for i=1:N1
    jljz(i,i)=0;
end
%计算最短路
for i=1:N1-1
    for j=i+1:N1
        for k=1:N1
            if jljz(i,k)+jljz(k,j)<jljz(i,j)
                jljz(i,j)=jljz(i,k)+jljz(k,j);
                jljz(j,i)= jljz(i,j);
            end
        end
    end
end
ltzt=zeros(N1,1);
for i=1 :N1%找到每个节点可以到达的节点数
    [~ ,D]=find(jljz(i,:)<inf);
    ltzt(i)=sum(J11(D));
end
descend(h)=max(ltzt);%输出相对最大连通子图相对规模
  end
[~ ,B]=sort(descend);
if mod(n0,2)==0

```
            mb=B(n0/2);
        else
            mb=B((n0+1)/2);
        end
%%%选中目标节点并攻击
        t=CC(C(mb));
        if J1(t)~=0
%构建联通距离权效应矩阵
        LB=zeros(N1,N1);
            for i=1:N1
                M=0;
                for j=1:N1
                    if E0(i,j)~=0
                        M=M+(E0(i,j)-J2(i,j))/JL(i,j);
                    end
                end
                for j=1:N1
                    if E0(i,j)~=0
                        LB(i,j)=((E0(i,j)-J2(i,j))/JL(i,j))/M;
                    end
                end
            end
            for j=1:N1%负载分配
                if E0(t,j)~=0
                    J1(j)=J1(j)+LB(t,j)*J1(t);
                end
            end
```

```
for j=1:N1%更新负载
    E0(t,j)=0;
    J2(t,j)=0;
    E0(j,t)=0;
    J2(j,t)=0;
end
J1(t)=0;
C0(t)=0;
%% 节点状态判定+负载重分配(全局视角下，检测四遍)
for m=1:N1
    if J1(m)>C0(m)
        r=rand/5;
        p=(J1(m)-C0(m))/C0(m);
        %构建联通距离权效应矩阵
        LB=zeros(N1,N1);
        for i=1:N1
            M=0;
            for j=1:N1
                if E0(i,j) ~ =0
                    M=M+(E0(i,j)-J2(i,j))/JL(i,j);
                end
            end
            for j=1:N1
                if E0(i,j) ~ =0
                    LB(i,j)=((E0(i,j)-J2(i,j))/JL(i,j))/M;
                end
```

```
            end
         end
     if J1(m)>C0(m)&&r>p%暂停节点
         for n=1:N1
             if E0(m,n)~=0
                 J1(n)=J1(n)+LB(m,n)*(J1(m)-C0(m));
             end
         end
     elseif J1(m)>C0(m)&&r<=p%失效节点
         for n=1:N1
             if E0(m,n)~=0
                 J1(n)=J1(n)+LB(m,n)*J1(m);
             end
         end
         for n=1:N1%更新负载
             E0(m,n)=0;
             J2(m,n)=0;
             E0(n,m)=0;
             J2(n,m)=0;
         end
         J1(m)=0;
         C0(m)=0;
     end
  end
end
for m=1:N1
```

```
            if J1(m)>C0(m)
                r=rand/5;
                p=(J1(m)-C0(m))/C0(m);
                %构建联通距离权效应矩阵
                LB=zeros(N1,N1);
                for i=1:N1
                    M=0;
                    for j=1:N1
                        if E0(i,j)~=0
                            M=M+(E0(i,j)-J2(i,j))/JL(i,j);
                        end
                    end
                    for j=1:N1
                        if E0(i,j)~=0
                            LB(i,j)=((E0(i,j)-J2(i,j))/JL(i,j))/M;
                        end
                    end
                end
            if J1(m)>C0(m)&&r>p%暂停节点
                for n=1:N1
                    if E0(m,n)~=0
                        J1(n)=J1(n)+LB(m,n)*(J1(m)-C0(m));
                    end
                end
            elseif J1(m)>C0(m)&&r<=p%失效节点
                for n=1:N1
```

```
                            if E0(m,n) ~ =0
                                J1(n)=J1(n)+LB(m,n)*J1(m);
                            end
                        end
                        for n=1:N1%更新负载
                            E0(m,n)=0;
                            J2(m,n)=0;
                            E0(n,m)=0;
                            J2(n,m)=0;
                        end
                        J1(m)=0;
                        C0(m)=0;
                    end
                end
            end
            for m=1:N1
                if J1(m)>C0(m)
                    r=rand/5;
                    p=(J1(m)-C0(m))/C0(m);
                    %构建联通距离权效应矩阵
                    LB=zeros(N1,N1);
                    for i=1:N1
                        M=0;
                        for j=1:N1
                            if E0(i,j) ~ =0
                                M=M+(E0(i,j)-J2(i,j))/JL(i,j);
                            end
```

```
            end
        for j=1:N1
            if E0(i,j)~=0
                LB(i,j)=((E0(i,j)-J2(i,j))/JL(i,j))/M;
            end
        end
    end
    if J1(m)>C0(m)&&r>p%暂停节点
        for n=1:N1
            if E0(m,n)~=0
                J1(n)=J1(n)+LB(m,n)*(J1(m)-C0(m));
            end
        end
    elseif J1(m)>C0(m)&&r<=p%失效节点
        for n=1:N1
            if E0(m,n)~=0
                J1(n)=J1(n)+LB(m,n)*J1(m);
            end
        end
        for n=1:N1%更新负载
            E0(m,n)=0;
            J2(m,n)=0;
            E0(n,m)=0;
            J2(n,m)=0;
        end
        J1(m)=0;
```

```
                C0(m)=0;
            end
        end
    end
    for m=1:N1
        if J1(m)>C0(m)
            r=rand/5;
            p=(J1(m)-C0(m))/C0(m);
            %构建联通距离权效应矩阵
            LB=zeros(N1,N1);
            for i=1:N1
                M=0;
                for j=1:N1
                    if E0(i,j)~=0
                        M=M+(E0(i,j)-J2(i,j))/JL(i,j);
                    end
                end
                for j=1:N1
                    if E0(i,j)~=0
                        LB(i,j)=((E0(i,j)-J2(i,j))/JL(i,j))/M;
                    end
                end
            end
            if J1(m)>C0(m)&&r>p%暂停节点
                for n=1:N1
                    if E0(m,n)~=0
```

```
                J1(n)=J1(n)+LB(m,n)*(J1(m)-C0(m));
                            end
                        end
                    elseif J1(m)>C0(m)&&r<=p%失效节点
                        for n=1:N1
                            if E0(m,n)~=0
                                J1(n)=J1(n)+LB(m,n)*J1(m);
                            end
                        end
                        for n=1:N1%更新负载
                            E0(m,n)=0;
                            J2(m,n)=0;
                            E0(n,m)=0;
                            J2(n,m)=0;
                        end
                        J1(m)=0;
                        C0(m)=0;
                    end
                end
            end
        end
    end
E0C=E0;
J2C=J2;
C0C=C0;
J1C=J1;
    %%求出相对最大联通子图
jljz=J2;
```

```
jljz((jljz==0))=inf;
for i=1:N1
    jljz(i,i)=0;
end
%计算最短路
for i=1:N1-1
    for j=i+1:N1
        for k=1:N1
            if jljz(i,k)+jljz(k,j)<jljz(i,j)
                jljz(i,j)=jljz(i,k)+jljz(k,j);
                jljz(j,i)= jljz(i,j);
            end
        end
    end
end
ltzt=zeros(N1,1);
for i=1 :N1%找到每个节点可以到达的节点数
    [~,D]=find(jljz(i,:)<inf);
    ltzt(i)=round(sum(J1(D)));
end
y=(max(ltzt))/SUM;%输出相对最大连通子图
yy=y;
record(gg)=y;
gg=gg+1;
end
figure(1);plot(record);title('抗毁性仿真')
toc;
```

附录 H 粒子群随机攻击策略仿真代码

```
function [ G ]=gjlbxdzdltzt(ES2,JL2)
E0=ES2;%输入邻接矩阵，客流加权数据
J0=sum(E0,1);%求初始节点点权
s=1.1;% s 为交通网络的过载调节能力，可变
q=1;% q 为调节参数，用以描述线路上客流量随时间的变动，可变
C1=s*J0;%节点容量
C2=s*E0;%连边容量
E=q*E0;%连边初始负载
J=q*J0;%节点初始负载
N1=length(J0);%节点数目
N2=numel(E0);%连边数目
n=N1+N2;%确定节点、连边数目
G=zeros(1,516);%构建相对最大联通子图矩阵
g=1;%标号，即标记求得的相对最大联通子图值所在相对最大联通子图矩阵的位置

A=randperm(N2);
for i=1:N2
    a=A(i);
    [i,j]=ind2sub([179,179],a);
            %%%初次攻击
            if E(i,j) ~ =0%攻击边
                J(i)=J(i)+E(i,j)/2;
                J(j)=J(j)+E(i,j)/2;
                E(i,j)=0;
```

```
            %%节点连边状态判定+负载重分配
            for m=1:N1
                for n=1:N1
                    if J(m)>=C1(m)|E(m,n)>=C2(m,n)
                        for i=1:N1
                            M=0;
                            r=rand;
                            p=(J(i)-C1(i))/C1(i);
                            if J(i)>=C1(i)&r>p%暂停
节点
                                for j=1:N1
                                    if E(i,j)~=0%负
载重分配


M=M+(C2(i,j)-E(i,j));
                                    end
                                end
                                for j=1:N1
                                    if E(i,j)~=0


E(i,j)=E(i,j)+(J(i)-C1(i))*(C2(i,j)-E(i,j))/M;%负载重分配完成
                                    end
                                end
                            elseif J(i)>=C1(i)&r<=p%
失效节点
                                for j=1:N1
                                    if E(i,j)~=0%负
```

载重分配

N=size(E,2);%N 为矩阵 E 的列数

D=E;

C=E;

C((C==inf))=0;%若 A 为赋权图，inf 表示两点间无连接，所以连接数记为 0

C((C~=0))=1;%原先直接相连的边记为 1，可以有自连接（若 A 为赋权图，自连接信息就没了）

D((D==0))=inf;%将邻接矩阵变为邻接距离矩阵，两点无边相连时赋值为无穷大

%自身到自身的距离为 0

for i=1:N

D(i,i)=0;   %自身到自身的距离为 0

end

for k=1:N

%Floyd 算法求解任意两点的最短路径长度

for i=1:N

for j=1:N   %可以只算一半，因为是对称的，**不影响结果大小**,但是记得加上 D(j,i)=D(i,j)

```
            if D(i,j)>(D(i,k)+D(k,j))

            D(i,j)=D(i,k)+D(k,j);      %更新 ij 间距离

            C(i,j)=C(i,k)*C(k,j);      %更新最短路径条数

            elseif D(i,j)==D(i,k)+D(k,j)

            if k~=i&&k~=j       %为避免重复计数，这里排除端点；

            C(i,j)=C(i,j)+C(i,k)*C(k,j);    %更新与最短距离相同的路径数

            end

            end

        end

aver_D=sum(sum(D))/(N*(N-1));   %平均最短路径长度

            %%%求网络边介数
            %%%思想：节点 i、j 间的距离等于节点 i、k 间距
离与节点 k、j 间距离时，i、j 间的最短路径经过 k。
            %%%因为 i、j 节点的最短路径经过 k 时，i 到 k 与
```

k 到 j 必定都是最短路，这个可以用反证法来证明。

% A ———— 网络邻接矩阵，亦可以是赋权图
% B ———— 边介数

N=size(E,1);

B=zeros(N,N);

%*************************************

C(i,i)=1;   %不管有没有自连接，自身到自身的最短路数为1,
%因为 nm 的其中一点可能与 i 或 j 重合，若不设为1，会算少

%*************************************

for m=1:N   %边介数没有什么记不计入端点一说

for i=1:N

for j=1+i:N   %无向网络对称，正向、反向只算一次，所以只算一半；全算就是两倍

if D(i,j)==D(i,n)+D(n,m)+D(m,j)&&C(i,j)~=0&&E(n,m)~=0

%满足条件即证明 ij 间最短路径经过边 enm

B(n,m)=B(n,m)+C(i,n)*C(m,j)/C(i,j);

B(m,n)=B(n,m);

end

end

end

end
end
for i=1:N

B(i,i)=0;   %不考虑自连接,就相当于计算节点介数时不考虑端点一样

end

F=zeros(N1);

F1=zeros(N1);

F2=zeros(N1);

M=0;
N=0;
for i=1:N1
for

j=1:N1

if

E(i,j) ~ =0

M=M+B(i,j);

end

end
for

j=1:N1

if

JL2(i,j) ~ =0

N=N+JL2(i,j);

end

end
for

j=1:N1

if

E(i,j) ~ =0

F1(i,j)=B(i,j)/M;

F2(i,j)=JL2(i,j)/N;

F(i,j)=F1(i,j)/F2(i,j);

```
                                                            end
                                                       end
            end
J(j)=J(j)+J(j)*F(i,j);
                                                    end
                                                 end
                                             E(i,:)=0;% 更新
网络
                                             E(:,i)=0;
                                             J(i)=0;
                                         end
                                     end
                                     for i=1:N1
                                         for j=1:N1
                                             r=rand;

p=(E(i,j)-C2(i,j))/C2(i,j);
                                             if
E(i,j)>=C2(i,j)&r>p%暂停连边

J(i)=J(i)+(E(i,j)-C2(i,j))/2;%负载重分配

J(j)=J(j)+(E(i,j)-C2(i,j))/2;
                                             elseif
E(i,j)>=C2(i,j)&r<=p%失效连边
```